# ポスト資本主義

## 科学・人間・社会の未来

広井良典
Yoshinori Hiroi

岩波新書
1550

# はじめに――「ポスト・ヒューマン」と電脳資本主義

『トランセンデンス』という映画が昨(二〇一四)年公開され、ちょっとした話題になった。男優ジョニー・デップ演じる人工知能(AI)研究者の脳が、彼の死にあたりその妻によってコンピューターにインストールされるが、やがてその頭脳は進化し暴走を始めるという、荒唐無稽ともいえるストーリーだ(ただしこの映画の終わりの部分には〝自然ないし宇宙的生命への回帰〟ともいうべきモチーフも登場しており、一概に荒唐無稽といって片づけられない側面ももっているのだが)。

実はこの映画のコンセプトの土台のひとつになっているのは、アメリカの未来学者レイ・カーツワイルが以前から行っている「技術的特異点(シンギュラリティ)」をめぐる議論である。カーツワイルは近い未来に様々な技術(特に遺伝学、ナノテクノロジー、ロボット工学)の発展が融合して飛躍的な突破が起こり(=技術的特異点)、そこでは高度に発達した人工知能と人体改造された人間が結びついて最高の存在が生まれ、さらには情報ソフトウェアとしての人間の意識が永続化し、人間は死を超えた永遠の精神を得るといった議論を行っている(カーツワイル(二〇〇七))。コンピューターの〝二〇四五年問題〟とも言われる話題である。

以上のようなビジョンは、先ほどの映画以上に荒唐無稽に聞こえるかもしれないが、カーツワイルに限らず、アメリカではこうした議論――人間の進化の次なる段階ということで「ポスト・ヒューマン」論と呼ばれる――は様々な文脈で広く議論されている。このうち医療技術による人体改造に関しては、ブッシュ政権時代に出されたアメリカの大統領生命倫理評議会報告書『治療を超えて』(二〇〇三年)において、この種のテーマが具体的な生命倫理の問題として論じられている。

たとえばそれは精神医療の領域で、PTSDのトラウマを軽減するための「記憶鈍麻剤」や、気分をコントロールする「気分明朗剤」といった向精神薬がどこまで許容されるかといった話題が論じられているのである。そう言えば、フィリップ・ディックのよく知られたSF小説『アンドロイドは電気羊の夢を見るか?』では、未来世界で人々が自分の感情をその時の気分に応じてコントロールする「情調《ムード》オルガン」という機械が出てきていた。

一方、性格は異なるが日本でも漫画やアニメの世界でこのような主題は多様な形で取り上げられており――こうした話題について私は学生から教えられることが多い――、『攻殻機動隊』

などの作品は世界的にも影響を与えてきたとされたりしている。

若干個人的な思い出を記すと、私は八〇年代の終わりの二年間と二〇〇一年の計三年をアメリカのMIT(マサチューセッツ工科大学)で過ごしたが――それぞれ大学院生および客員研究員として――、特に八〇年代末の滞在の頃はある種の〝AIブーム〟が起こっており、人工知能に無限の可能性があるような議論が(それへの反論も含めて)なされていた。その後そうした論議はやや沈静化しているように見えたが、上記のカーツワイルの論を含め近年また活発になっている。

さて、ここで問われているテーマをあえて一般化して言うと、それは次のような文脈において、科学や技術の発展が人間にとって何をもたらすか、あるいは科学・技術と経済ないし資本主義との関わりということになるだろう。

すなわち、本書の中であらためて見ていく予定だが、ふり返れば一九七〇年代には環境や資源問題への関心が高まり、「成長の限界」も論じられるようになった。しかし再び八〇年代以降に金融のグローバル化を通じた資本主義の展開が地球規模で進んでいったのは、他でもなく(インターネットを含む)情報関連テクノロジーの発展と一体のものだった。それはたとえば、一秒の間に何千回もの金融取引が行われるといった、インターネット上の無限の金融空間の生成と軌を一にするものである。そうした方向の脆弱性あるいは限界が二〇〇八年のリーマン・ショックで露呈したものの、再び上記のカーツワイルのような次なる技術突破論が現れている。

足元の日本を見れば、安倍政権は一貫して金融政策主導の成長戦略を打ち出してきたが、本文で議論していくように「アベノミクス」が志向する金融市場の〝無限の電脳空間〟と、カーツワイルの描く〝意識の無限化〟のビジョンは究極において同質の方向性をもっている。

以上の議論からも示唆されるように、近代科学と資本主義という二者は、限りない「拡大・成長」の追求という点において共通しており、その限りで両輪の関係にある。しかし地球資源の有限性や格差拡大といった点を含め、そうした方向の追求が必ずしも人間の幸せや精神的充足をもたらさないことを、人々がより強く感じ始めているのが現在の状況ではないか。

このように考えていくと、カーツワイルのいう「特異点」とはむしろ逆の意味で、私たちの生きる時代が人類史の中でもかなり特異な、つまり〝成長・拡大から成熟・定常化〟への大きな移行期であることが、ひとつのポジティブな可能性ないし希望として浮上してくる。

その場合、資本主義というシステムが不断の「拡大・成長」を不可避の前提とするものだとすれば、そうした移行は、何らかの意味で資本主義とは異質な原理や価値を内包する社会像を要請することになるだろう。こうした文脈において、「ポスト資本主義」と呼ぶべき社会の構想が、新たな科学や価値のありようと一体のものとして、思考の根底にさかのぼる形で今求められているのではないか。

また、幸か不幸か、人口減少社会として〝世界のフロントランナー〟たる日本は、そのような成熟社会の新たな豊かさの形こそを先導していくポジションにあるのではないか。

そうした可能性のビジョンを描くことが、本書の基本的な趣旨に他ならない。そのための議論の流れは大きく以下のようになる。

まず序章において、本書全体を貫く問題意識と認識枠組みを示す。続く第Ⅰ部「資本主義の進化」では、そもそも資本主義とは何かという話題から始め、資本主義のいわば〝来し方〟を、科学との関わりを含めて新たな視点からとらえ返し、それを踏まえて今後の展望を「電脳資本主義／超(スーパー)資本主義」と「ポスト資本主義」という座標軸において論じる。第Ⅱ部「科学・情報・生命」では、資本主義／ポスト資本主義の姿を根底において規定すると思われる科学のありようと、そこでの人間観・自然観・生命観の方向を科学史的な視点をベースに掘り下げたい。

以上を踏まえて第Ⅲ部「緑の福祉国家／持続可能な福祉社会」では、今後構想し実現していくべきポスト資本主義の社会像を、時間政策、資本主義の社会化、そしてコミュニティ経済といった観点から具体的に描きたい。そして終章において、今後の科学の方向性と、ポスト資本主義あるいは定常型社会における価値としての「地球倫理」について考察したい。

それでは新たな社会構想と科学のありようをめぐる探究の旅に出発することにしよう。

# 目　次

はじめに――「ポスト・ヒューマン」と電脳資本主義

序章　人類史における拡大・成長と定常化 …… 1
――ポスト資本主義をめぐる座標軸

＊　＊　＊

第Ⅰ部　資本主義の進化

第1章　資本主義の意味 …… 22
第2章　科学と資本主義 …… 38
第3章　電脳資本主義と超（スーパー）資本主義 vs ポスト資本主義 …… 59

第Ⅱ部　科学・情報・生命

第4章　社会的関係性 …… 84

第5章　自然の内発性 …… 103

第Ⅲ部　緑の福祉国家／持続可能な福祉社会

第6章　資本主義の現在 …… 126

第7章　資本主義の社会化またはソーシャルな資本主義 …… 151

第8章　コミュニティ経済 …… 177

＊　＊　＊

終章　地球倫理の可能性 …… 217
——ポスト資本主義における科学と価値

参考文献 …… 245

あとがき …… 255

# 序章　人類史における拡大・成長と定常化
## ――ポスト資本主義をめぐる座標軸

### 拡大・成長と定常化をめぐる三つのサイクル

科学や経済との関わりにふれながら、「はじめに」で〝成長・拡大から成熟・定常化〟への移行というテーマを指摘した。

それを大きな視野の中で展望するため、かつ「ポスト資本主義」という本書の主題がどのような歴史的文脈に位置するものかを見定めるため、本章の前半では人間の歴史を「拡大・成長」と「定常化」という視点からとらえ返す作業を試みてみよう。併せて後半では、それらがポスト・ヒューマン論や今後の科学のありようとどう関わるかについても考えてみたい。

さて、人類の歴史を大きく俯瞰すると、それを人口や経済規模の「拡大・成長」の時代と「定常化」の時代の交代として把握することができ、次のような三回のサイクルがあったととらえることができる。

すなわち、第一のサイクルは私たちの祖先である現生人類（ホモ・サピエンス）が約二〇万年

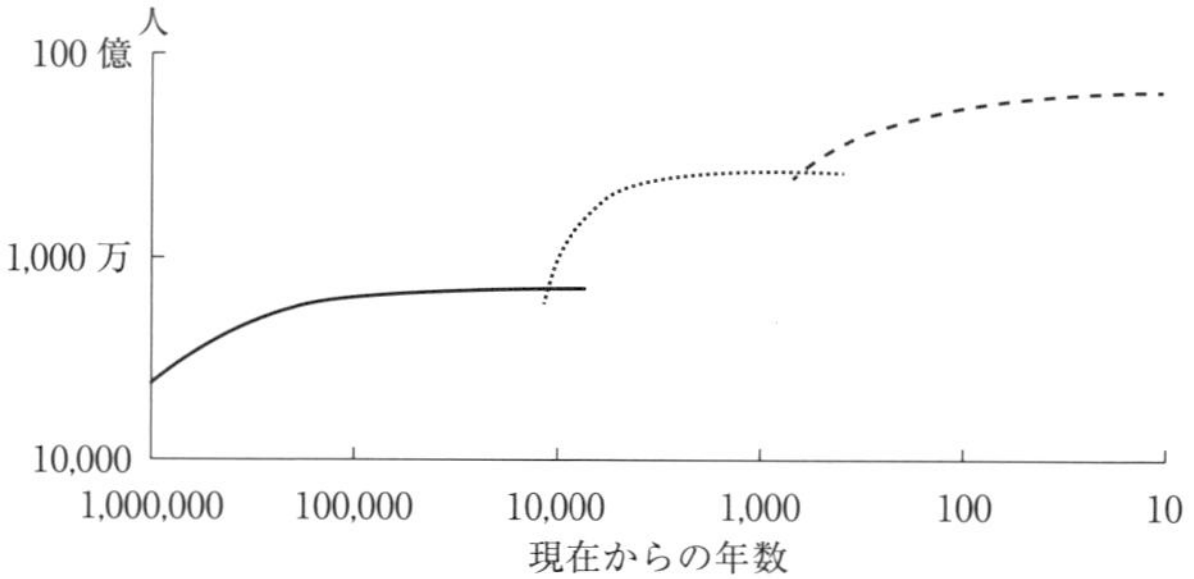


（出所）　Cohen（1995）

**図序・1**　世界人口の超長期推移に関するモデル（ディーヴェイ）

前に地球上に登場して以降の狩猟採集段階であり、第二のサイクルは約一万年前に農耕が始まって以降の拡大・成長期とその成熟であり、第三のサイクルは、主として産業革命以降ここ二〇〇～三〇〇年前後の拡大・成長期である。この意味では、私たちは今「第三の定常化」の時代を迎えるかどうかの分水嶺に立っていることになる。

この点に関して、**図序・1**を見てみよう。これは世界人口の長期推移について先駆的な研究を行ったアメリカの生態学者ディーヴェイの仮説的な図式であり、世界人口の拡大・成長と成熟・定常化に関する三つのサイクルが示されている。ディーヴェイがこうした研究を発表した一九六〇年代以降、超長期の世界人口の推移については多くの実証的研究がなされてきているが（総括の一つとしてCohen（1995））、これらはその推計内容において大きく異なるものではない。

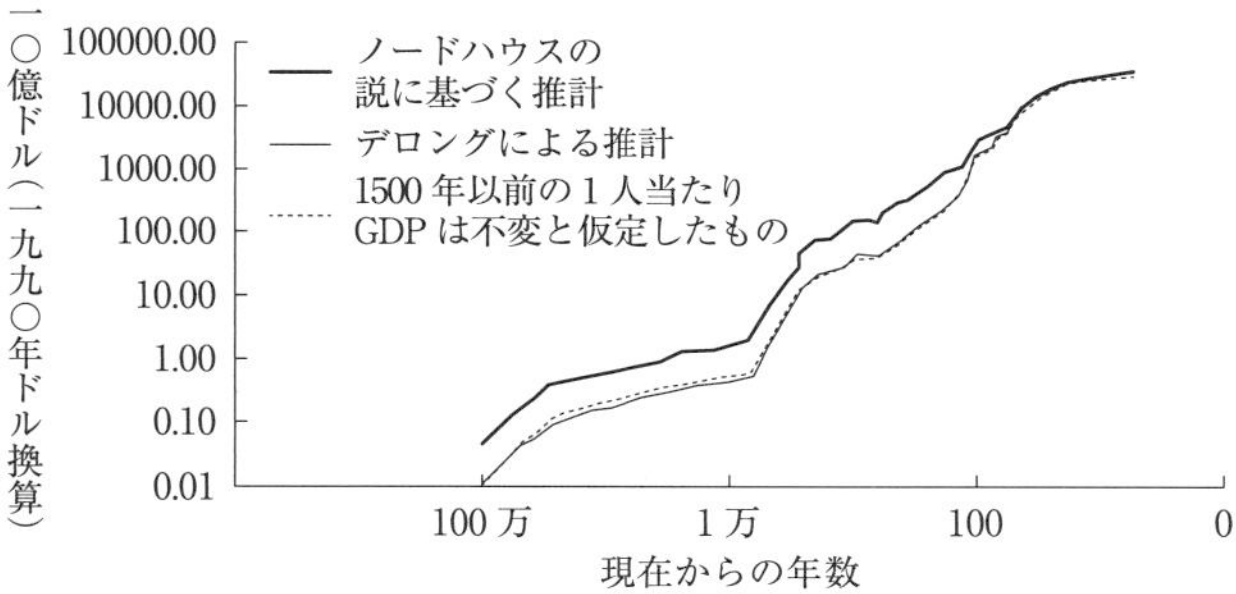


（出所） DeLong（1998）

**図序・2** 超長期の世界GDP（実質）の推移

また、こうした人口推計をベースに一人当たりGDPに関するラフな仮定を加えて、アメリカの経済学者のデロングが「世界GDPの超長期推移」を推計したのが**図序・2**である。これはごく大まかなもので厳密な性格のものではないが、上記の三つのサイクルがおぼろげながらも示唆されている。

ところで、ここで少し考えてみたいのは、こうした人間の歴史における「拡大・成長」と「定常化」のサイクルは、そもそもいかなる背景ないし原因から生じるのか、という点だ。

結論から言えば、それは人間の「エネルギー」の利用形態、あるいは若干強い表現を使うならば「人間による〝自然の搾取〟の度合い」から来ると考えられるだろう。

幸か不幸か、自然の中から栄養分を自ら作ることができるのは植物のみであり——二酸化炭素・水と太陽エネルギーから有機化合物を合成する光合成のシステムであり、それを人工的に行う「人工光合成」については本章の後半でふれる——、したがって人間や動物はそうした植物(とそれを食べた動物)を食べることによってこそ生命を維持している。

人間の歴史にそくして見た場合、それがもっとも素朴な形態をとるのが狩猟採集段階であり、アフリカで生まれたホモ・サピエンスは、狩猟採集の場を各地に求めながら地球上に広がっていったことになる(これはある意味で最初の〝グローバリゼーション〟とも言えるだろう)。

やがて、おそらくこうした狩猟採集のみでは十分な食糧確保が困難であるような(相対的に条件の悪い)場所に広がる中で、人類は約一万年前に農耕という、新たなエネルギーの利用形態を始めることになった。比喩的あるいは現代風に言えば、農耕という営みは、田や畑というフィールドに巨大な太陽光パネルを敷くかのように、植物に太陽エネルギーを吸わせて栄養分を作らせ、それを管理・収穫して食べ自らの栄養分とする営みと言えるだろう。こうして人々は狩猟採集よりも構造化された「時間的秩序」の世界を生きることになった。

これは同時に、狩猟採集段階よりも高次の「集団」作業や共同体的秩序を必要とするものであり、そこに階層や(富の蓄積に由来する)格差がしばしば生じることは自然の成り行きだった。そして、農耕の開始は食糧の増産とともに人口や経済活動の規模を飛躍的に拡大させる契機と

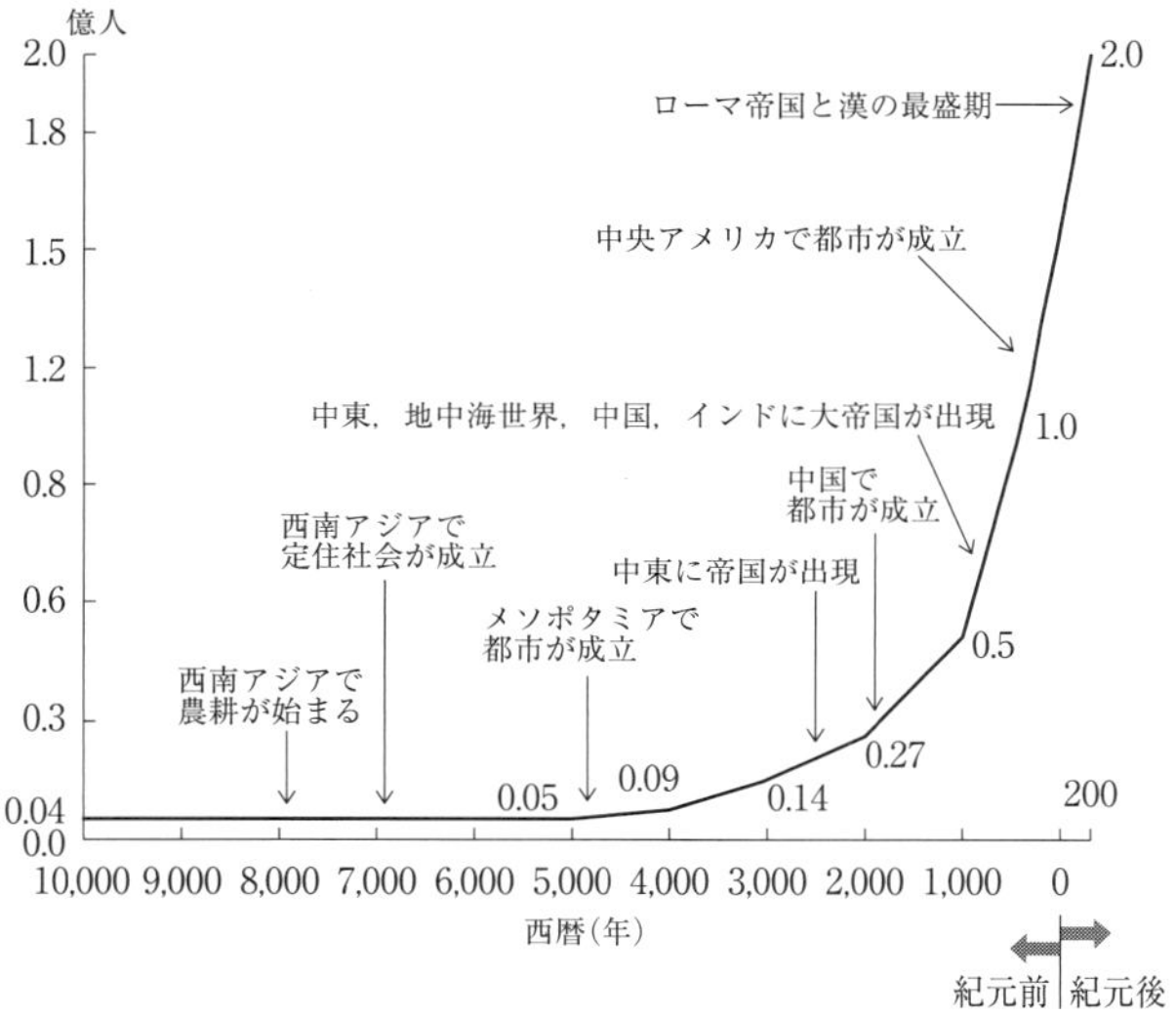


(出所)　クライブ・ポンティング(石他訳)『緑の世界史(上)』

**図序・3　農耕の開始と世界人口の増加**

もなったのである(**図序・3**)。これが人類史における第二の「拡大・成長」であり、(東南アジア〔イモ〕や中東〔ムギ〕、中国の長江流域〔イネ〕などで生まれた)農耕が地球上の各地に伝播していったのは〝第二のグローバリゼーション〟だったとも言えるだろう。

農耕はその拡大・成長の過程で「都市」を生み出していくが、やがてこうした農耕段階も、後でもふれる資源・環境的制約にぶつかって成熟・定常化する(それが大づかみに言えば私たちが〝中世〟と呼ぶ時代に重なることになる)。しかし人類は、さらにエネルギーの利用形態を高度化させ、言い換えれば〝自然の搾取〟の度合いを強め、さらなる拡大・成長期に向かうことになる。

それがここ二〇〇〜三〇〇年の工業化の時代であり――あるいは、「プロト工業化」等と呼ばれる準備期を含めればそれは四〇〇年前後に広がり、「近代」という時代と大方重なってくる（プロト工業化等については斎藤（二〇〇八）、水島（二〇一〇）参照）――、石炭や石油の大規模な開発と使用がその中心となる。

思えばこれらの「化石燃料」は、文字通り生物の死骸が数億年という長い時間をかけて地下に蓄積されていったものを一気に〝燃焼〟させてエネルギーを得るという性格のものだ。多少の前後の幅はあれ、そのような数億年の蓄積を二〇〇〜三〇〇年という短期間でまもなく使い尽くそうとしているのが、現在の人類である。

同時に、**人間の歴史の中でのこの第三の拡大・成長と定常化のサイクルの全体が、（近代）資本主義／ポスト資本主義の展開と重なる**というのが、本書の基本的な問題意識となる。言い換えれば、私たちが迎えつつある「第三の定常化」の意味やそこでの社会像を考えていくことが、本書の「ポスト資本主義」というテーマとそのまま呼応することになる。

## 定常期における文化的創造性

以上のように、人間の歴史には(エネルギーの利用形態ないし自然の搾取の度合いに由来する)「拡大・成長」と「定常化」のサイクルがあるが、ここで特に注目したいのは、人間の歴史における**拡大・成長から定常への移行期において、それまでには存在しなかったような何らかの新たな観念ないし思想、あるいは価値が生まれた**という点だ。

議論を駆け足で進めることになるが、しばらく前から人類学や考古学の分野で、「心のビッグバン(意識のビッグバン)」あるいは「文化のビッグバン」などと呼ばれている興味深い現象がある。たとえば加工された装飾品、絵画や彫刻などの芸術作品のようなものが今から約五万年前の時期に一気に現れることを指したものである。現生人類ないしホモ・サピエンスが登場したのは先述のように約二〇万年前とされているので、なぜそうしたタイムラグが存在するのか、どのような背景でそうした変化が生じたのかといった話題が「心のビッグバン」をめぐる議論の中心テーマとなる(内田(二〇〇七)、海部(二〇〇五)、クライン他(二〇〇四)、ミズン(一九九八))。

一方、人間の歴史を大きく俯瞰した時、もう一つ浮かび上がる精神的・文化的な面での大きな革新の時期がある。

それはヤスパースが「枢軸時代」、科学史家の伊東俊太郎が「精神革命」と呼んだ、紀元前五世紀前後の時代であり(ヤスパース(一九六四)、伊東(一九八五))、この時期ある意味で奇妙なことに、現在に続く、「普遍的な原理」を志向するような思想が地球上の各地で〝同時多発的〟に生まれた。すなわちインドでの仏教、中国での儒教や老荘思想、ギリシャ哲学、中東での旧約思想(キリスト教やイスラム教の源流でもある)であり、それらは共通して、特定のコミュニティを超えた「人間」という観念を初めてもつと同時に、何らかの意味での〝欲望の内的な規制〟あるいは物質的欲求を超えた新たな価値を説いた点に特徴をもつものだった。

いま「奇妙なことに」こうした思想が〝同時多発的〟に生じたと述べたが、その背景ないし原因は何だったのだろうか。興味深いことに最近の環境史(environmental history)と呼ばれる分野において、この時代、中国やギリシャ、インド等の各地域において、農耕と人口増加が進んだ結果として、森林の枯渇や土壌の浸食等が深刻な形で進み、農耕文明がある種の(最初の)資源・環境制約に直面しつつあったということが明らかにされてきている(石他(二〇〇一)、ポンティング(一九九四)、広井(二〇一一)参照)。

このように考えると、これはなお私の仮説にすぎないが、枢軸時代ないし精神革命に生成した普遍思想(普遍宗教)の群は、そうした資源・環境的制約の中で、いわば「**物質的生産の量的拡大から精神的・文化的発展へ**」という方向を導くような思想として、あるいは生産の外的拡大に代わる新たな内的価値を提起するものとして、生じたと考えられないだろうか。

一方、紀元前五世紀前後における枢軸時代の諸思想の生成が、農耕文明のこうした環境的限界状況に生じたとすれば、先ほどの「心のビッグバン」について、それが同様のメカニズムで、狩猟採集文明の拡大・成長から定常化への移行の時期に生じたと考えてみることも可能ではないだろうか。

つまり狩猟採集段階の前半において、狩猟採集という生産活動(とその拡大)に伴ってもっぱら〝外〟に向かっていた意識が、何らかの形での資源・環境制約にぶつかる中で、いわば〝内〟へと反転し、そこに「心」あるいは(物質的な有用性を超えた)装飾や広義の芸術への志向、ひいては(宗教の原型としての、死の観念を伴う)「自然信仰」が生まれたのではないか。

さらに、このように「心のビッグバン」や枢軸時代／精神革命と定常期との関わりを考えることは、「定常」というコンセプトの再考にもつながるだろう。すなわち、「定常」という表現からはともすれば〝変化の止まった退屈で窮屈な社会〟というイメージが伴うかもしれないが、それは物質的な量的成長の概念にとらわれた理解であり、定常期とはむしろ豊かな文化的創造の時代なのである。

以上をまとめると、狩猟採集段階における定常への移行期に「心のビッグバン」が生じ、農

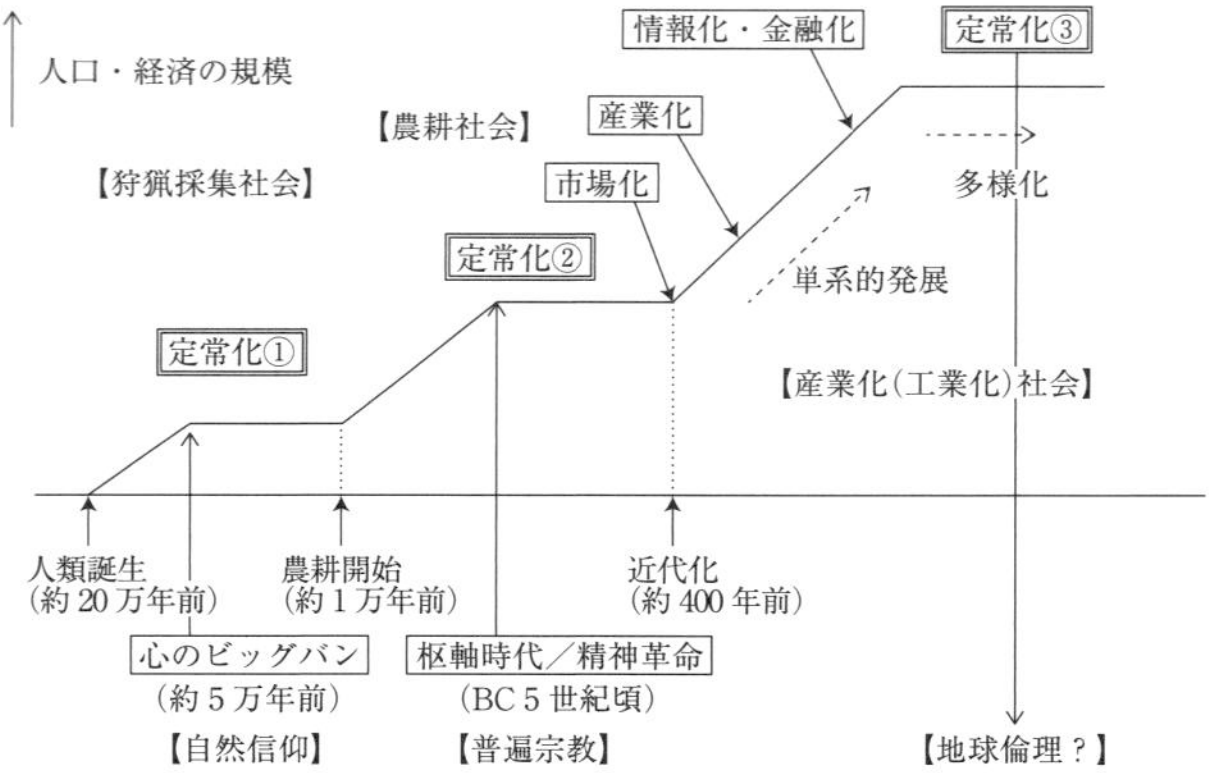

(注)「地球倫理」については終章参照.

**図序・4　人類史の中の定常型社会**

耕社会における同様の時期に枢軸時代/精神革命期の諸思想(普遍思想ないし普遍宗教)が生成し、両者はいずれも「物質的生産の量的拡大から精神的・文化的発展へ」という内容において共通していたと考えられるのではないか(詳しくは広井(二〇一一)参照)。

同時に、現在が人類史における第三の定常化の時代だとすれば、心のビッグバンにおいて生じた自然信仰や、枢軸時代/精神革命期に生成した普遍宗教に匹敵するような、根本的に新しい何らかの価値原理や思想が要請される時代の入り口を私たちは迎えようとしているのではないか。本書におけるこうしたもっとも巨視的な枠組みを(後の議論も一部含む形で)まとめたのが**図序・4**である。

## 「第四の拡大・成長」はあるか——超(スーパー)資本主義vsポスト資本主義

ところで、こうした歴史の巨視的把握を行うと、その延長に自ずと浮かび上がるものとして、次のような(逆の方向の)議論がありうるだろう。

それは、「人間はこれまでも常に次なる「拡大・成長」へと突破してきたのだから、むしろこれからの二一世紀は「第四の拡大・成長」の時代となるはずだ」という議論である。「はじめに」の内容ともつながるが、社会的な次元では「超(スーパー)資本主義」のビジョンとも呼べるものだ。

私はそのような技術的な突破の可能性があるとしたら、以下の三つが主要な候補として考えられると思う。

すなわち**第一に「人工光合成」、第二に宇宙開発ないし地球脱出、そして第三が「ポスト・ヒューマン」**である。

第一の人工光合成は、先ほども言及した光合成を人間自身が行うというもので、要するに根本的なエネルギー革命ということになる。ノーベル化学賞を受賞した根岸英一氏らも既に関連のプロジェクトを進めており、実現すれば食糧問題と温暖化問題(二酸化炭素の排出問題)を一気に解決するとも言えるかもしれない。

第二の宇宙開発や地球脱出は、映画やSFなどでも繰り返し出てくる話題だ。興味深いことに、最近は『エリジウム』といった映画や『トータル・リコール』のリメイク版などのように、富裕層が地球外に脱出する一方、荒廃した地球に貧困層が残るなど、社会の二極化や格差拡大とセットで描かれるものが多くなっている。

そして第三のポスト・ヒューマンは、「はじめに」でもふれたように、人間そのものの改変によって、現在の地球の資源的・環境的有限性を乗り越えるという志向を含むものだ。

こうしたテーマにここで簡単な答えを出すことはできないが、しかし私自身は、これらの方向に対して全体として懐疑的である。

たしかに、それは最終的には「自然や生命はどこまでコントロール可能か」とか「どのような社会や生活が人間にとって〝豊か〟で幸福か」という基本的な価値判断に関わるもので、絶対的な答えはないかもしれない。しかし以上に挙げたような、「第四の拡大・成長」を志向する方向は、現在の世界に生じている様々な矛盾自体を克服していくというよりは、矛盾そのものは放置した上で外的な拡大や技術に訴えるという性格のものであり、かりにそれが実現したとしても、同様の矛盾が生じ続けることになるだろう。

また社会構想という次元にそくして言えば、本書の中でこれから考えていくように、それは私たちが今後実現していくべき社会が、現在のアメリカのような、甚大な格差や「力」への依存とともに限りない資源消費と拡大・成長を追求し続けるような社会ではなく、ヨーロッパの一部で実現されつつあるような、「緑の福祉国家」ないし「持続可能な福祉社会」とも呼ぶべき、個人の生活保障と環境保全が経済とも両立しながら実現されていくような社会像であるという認識とも重なっている。

いずれにしても私たちは、二一世紀における(第四の)拡大・成長と定常化の間で、数百年ないし数千年単位の歴史の大きな分岐点あるいは両者の〝せめぎ合い〟の時代に立っていると考えてよい。そうした展望を、ポスト資本主義というテーマを軸にしながら、科学のありようという視点を重要な導きの糸として考えていくのが本書の以下の内容となる。

## 機械と生命——生命の内発性

ここで本書の後の議論ともつながる話題として、先ほどふれた「第四の拡大・成長」の柱の一つであり、「はじめに」でも言及した「ポスト・ヒューマン」に関して、特にＡＩ(人工知能)との関連を中心に若干補足しておこう。

ＡＩのコンセプト自体は一九五〇年代にさかのぼるが、「はじめに」で八〇年代にちょっとしたブームがあったと述べた。もちろんＡＩブームと言っても、当時からＡＩへの〝過大な期待〟に対する懐疑論も根強くあり、たとえばそうした代表的著作の一つが、哲学者ヒューバート・ドレイファスの『コンピュータには何ができないか――哲学的人工知能批判』(原著一九七二年)などだった。

かくいう私自身も、もともと(科学)哲学専攻ということもあり、ＡＩ万能論のような議論には距離を置いていた。本書の第Ⅱ部のテーマともつながるが、ここで多少哲学的な議論を行うと、私たちが世界を見る時、そこに私たちは様々な「意味」を同時に認識しているのであり、単なる情報の無機的な集積を見ているのではない。

では、そうした世界の「意味」はそもそも一体何に源泉をもつのかということを考えると、それは私たち人間が生命を持ち、したがって「生存」にとって価値があったり重要であったりするものを世界の中から切り取って、あるいは無数の情報の中から序列づけて選別的に把握しているからであり、そこに世界の「意味」や一定の安定した秩序が生まれるのである(派生して、他者の認識や他者との情緒的な関わりなども)。

つまり「世界」の〝意味〟性は、その根源をたどれば生命にたどりつく。

一方、生命を持たないコンピューターは、以上のような情報の「意味づけ」ということがないため、情報の量的処理のスピードやメモリーの容量に関する能力は人間よりはるかに高いが、人間にとっては自明であるようなごく基本的な日常的動作ができないなど、結局のところ重要な場面で十分な力を発揮することができない(広井(一九九四)参照)。

当時から、この種の議論は様々な形で存在していた。そして、一時過剰なまでのＡＩ万能論が言われた反動もあってか、大きく言うと、その時代に続く九〇年代以降、ＡＩに関する議論は一時に比べて若干停滞していたというのが大まかな流れだったと思う。

しかし一概にそうは言えない。すなわち上記のように、かりにＡＩが人間には及ばない様々な限界を有するのだとすれば、いわば逆手をとって、ＡＩと人間(ないし生命)を〝融合〟させていけばよいではないか。そして、ＡＩのすぐれた面(上記のような情報処理能力の速さや記憶容量の大きさ)と人間のすぐれた面(生存への志向とそこから派生する世界の「意味」づけ、あるいは他者との共感能力等々)を組み合わせれば、いわば〝最強の存在〟――それを「人間」と呼ぶかどうかは別として――が生まれるはずではないか。

これが他でもなく「ポスト・ヒューマン」の思想の一部につらなることになる。

## 〝現実とは脳が見る（共同の）夢〟か？——ソーシャル・ブレインと社会的関係性

一方、このテーマにはもう一つの重要な局面がある。それは「意識の共有（ないし共同性）」という話題であり、そしてそこから派生する、端的に表現すれば**〝現実とは脳が見る（共同の）夢か〟**という問いないし世界観をめぐる議論である。

人間の意識あるいは「世界」というものが、個体あるいは個人によって独立に成り立つものではなく、他者との相互作用を基盤としてはじめて生成する、本来的に「共同」的なものであるという理解は、哲学の分野においては以前からよく議論されてきた。個人的な述懐を含めて記せば、学生時代に私が大きな影響を受けた哲学者である廣松渉が「共同主観性」という言葉で論じていたのもこのテーマであり、それは個人や個体を独立自存のものとしてとらえる近代的なパラダイムへの批判という性格をもつものでもあった（たとえば廣松（一九七二））。

実はこうした議論は、最近脳研究の分野で話題になっている「ソーシャル・ブレイン（社会脳）」のテーマと実質的に共通する性格のものである（藤井（二〇〇九）等参照）。ソーシャル・ブレインの議論とは、人間の脳が現在のようなかたちで高度に発達した過程において、他者あるいは他個体との（情緒面を含む）相互作用が決定的に重要な役割を果たしたと理解するものである。これは「人間の意識は、それ自体の成立において他者との相互作用が不可欠の基盤であり、その意味において本来的に「共同的」なものである」とする先の共同主観性論と共鳴することになる。

そして興味深いことにこのようなテーマは、近年の映画などで、その広がりをよりリアルに感じさせる形で展開していると言えるだろう。すぐに思い浮かぶのはやはり『マトリックス』(一九九九年)であり、最近ではレオナルド・ディカプリオが主演し渡辺謙も登場した『インセプション』(二〇一〇年)である。これらに共通しているのは、何らかの方法で「意識」(あるいは夢)の共有ということを行い、その「世界」の中で人々がまた相互作用しつつ行動するという点だ。『インセプション』ではそれがさらに複雑化し、「夢の中の夢」、そしてさらにその中の(共同の)夢という具合に、そのようにして共有される「意識(または夢)」がいわば重層化ないし多次元化している。

こうして見ると、これらの映画のモチーフが、先ほどの「共同主観性」論や「ソーシャル・ブレイン」論の世界観と親和的であるのは明らかなことだろう。

そして、ここで自ずと出てくる自然な疑問は、「そのように考えていくと、実は私たちが生きているこの「現実」の世界それ自体が、共同で見ている「夢」なのではないか」という疑問である。

通常、〝夢と現実〟の境界あるいは相違は何かというと、前者は個人に完結したものであり(=「主観的」)、後者は個人を越えて社会的なものである(=「客観的」)と考えられている。しかし、それではこの世界そのものが、「複数の個人によって共有された意識」なのだとしたら、言い換えれば「ソーシャル・ブレイン」論が主張するように、複数の脳によって共有された「世界」なのだとすれば、それは「夢」なのか「現実」なのかという疑問である。

これは文字通り〝古くて新しい〟問いであり、実際このような関心は、今から二〇〇〇年以上前に書かれた中国の『荘子』の中の、有名な「胡蝶の夢」において既に論じられている。

同時にこの議論は、現実的な話題として、経済における〝バブル〟とはそもそも何か――それは「幻想」なのか「現実」なのか――といった論点を含めて、本書の中のテーマと様々な次元で関係することになる。ポイントだけをここで記すと、そこでは「まず初めに脳があって世界が生まれるのではなく、世界があってその一部に脳が生まれ、そこから意識=世界が生まれるのであって、その逆ではない」というのが重要な視点になるだろう(しかしここにはある種の循環が含まれている)。

もう一つ、これに関連して「二つのソーシャル・ブレイン」という話題を提起しておきたい。近年の脳研究でのソーシャル・ブレイン論は、人間の意識の原初の成立に関わるもので、先ほどから論じているように哲学などでの共同主観性論などとも重なり、したがって、それはいわば「コモン・ブレイン(共同脳)」と呼んでもよいものである。つまりそれは「近代的な個人」(=独立した、反省的な意識をもった個人)に対してそれに〝先立つ〟ものである。

一方、これに対し、現在ではインターネットやSNSなどが発達し、独立した個人と個人の間で、ある種の自覚的で〝ソーシャル〟な「意識の共有」——文字通り「電脳」空間——が生成している。

この両者は当然はっきりと区別されるべきで、ここではこれを「二つのソーシャル・ブレイン」と呼んでみたい。第一のソーシャル・ブレイン(ないしコモン・ブレイン)は、進化の過程における人間の原初の「意識」の成立そのものに関わるものであり、第二のソーシャル・ブレインは、近代の後半期たる現代において、インターネット等の情報空間が生成する中で生じるものだ。

もちろん後者が今後どのような展開を見せるか——そもそもそれをソーシャル・ブレインとか「意識の共有」といった言葉で把握してよいかどうかを含めて——なお未知にとどまっており、それは本書での「電脳資本主義そして超(スーパー)資本主義vsポスト資本主義」というテーマともつながることになる。

こうした関心を視野に入れながら、まずは資本主義の来し方と現在について以下考えていこう。

# 第Ⅰ部　資本主義の進化

# 第1章　資本主義の意味

## 資本主義とは何だろうか

「ポスト資本主義」というテーマを考えていくにあたり、当然ながら早速生じる疑問として、「資本主義」とはそもそも一体何かという点がある。

「資本主義 capitalism」という言葉は、それが自明な意味を持っているように使われることが多いけれども、よく考えてみると必ずしもその内実や定義は明らかではない。実際、歴史家フェルナン・ブローデルも、「資本主義」という言葉について、「多くの歴史学者たちがこれまで繰り返し、正しく指摘してきたように、この論争の的となっている言葉は曖昧であり、現代的な意味から、さらには時代錯誤的と言われるような意味まで背負い込まされてしまっていることは、私も十分承知している」と述べている(ブローデル(二〇〇九))。

また彼は、資本主義という言葉が使われるようになった経緯に関して、「資本主義という言葉が広い意味で使われはじめたのは、二〇世紀初頭になってからのことである」とし、「いささか恣意的ではあれ、そうした使い方は、一九〇二年に出版された、ヴェルナー・ゾンバルトの有名な『近代資本主義』にはじまると、私は見做している。この言葉は、マルクスでさえ知らなかったはずだ」と論じている(同)。

当時の時代状況を考えると、資本主義という言葉は、むしろ社会主義(ないし共産主義)という対抗的な社会システムの台頭を受けるかたちで、その反対概念として自覚されるようになったと言えるかもしれない(ちなみに政治哲学上の用語法では社会主義の対立概念は〔資本主義ではなく〕むしろ自由主義 liberalism や保守主義 conservatism となる)。

**(＊) 資本主義の起源をめぐって**　資本主義という言葉を用いるかどうかとは別の次元で、実質的に資本主義と呼びうるシステムはいつ、どの時代に生まれたかという議論がある。水野和夫は、それを①一二～一三世紀、②一五～一六世紀、③一八世紀とする三つの説があるとする山下範久の指摘を引きながら、一二一五年の第四回ラテラノ公会議でローマ教会が金利(利子)をつけることを認めたことをもって実質的な資本主義の成立としている(併せて所有権が認められ合資会社、銀行ができた)。「資本の増殖ということを考えると、利子率を認めたことがもっとも重要なポイントになる」というのがその理由だが(高橋・水野(二〇一三))、これはこの後で議論する「資本主義＝市場経済プラス拡大・成長」という本書の基本認識ともつながる(なお利子の起源について岩村(二〇一〇)参照)。ちなみに上記の②は近代社会の始動あるいはウォーラーステイン的な近代世界システムの成立という状況と重なり、また③は産業化(工業化)という構造変化とともにマルクス的な資本主義理解(労働力の商品化)と関連するだろう。

では以上を踏まえた上で、「資本主義」の意味や内容そのものについて、どのような理解が重要になってくるのだろうか。ブローデルの議論は私たちの関心にとっても多くの示唆を含んでいると思われるので、もう少し彼の議論を追ってみよう。

ブローデルの主張でもっとも特徴的な点の一つは、彼が**「資本主義」と「市場経済」を明確に区別**したという点である。

この両者は実質的にほぼ同義で使われることが多い。たとえば、日本でもよく〝市場(原理)主義批判〟といった議論がなされるが、こうした場合、「市場経済＝苛烈な競争や格差＝資本主義(＝望ましくないもの)」といった理解が暗黙の前提になっていると言ってよいだろう。

しかし、そもそも市場経済とは何かということを考えてみると、その原義にそくした場合、一概に〝市場経済＝悪〟とは言えないのではないか。

たとえば市場というものの一つの原型に近いのは、魚市場(まさに「市場」!)での〝せり〟のような営みだが、ある意味でそれは良き意味での〝公正で透明性の高い競争〟であり、一律に否定的に考えられるべきものではないだろう(むしろ一部の関係者のみが暗黙裡に密室で物事を決める〝談合〟より望ましいとも言える）。

実際ブローデル自身も、「こうした、予想外のことの起こらぬ「透明」な交換、各自があらかじめ一部始終を知っていて、つねにほどほどのものである利益が大体推測できるような交換については、小さな町の市が格好の例を提供してくれる」と述べている（前掲書）。

あるいは、そもそも「市場」というものは、歴史的には共同体（コミュニティ）と共同体との間における交換として生成したと考えられるわけだが、これもまた必ずしも否定的に考えられるべきものではなく、それは共同体を外に対して〝開く〟という意味ももったのである。ちなみに『資本論』でのマルクスの次の言明は比較的よく知られたものだろう。「商品交換は、共同体の果てるところで、共同体が他の共同体またはその成員と接触する点で、始まる」（マルクス（一九七二〔原著一八六七〕））。

## 市場経済VS資本主義

市場経済のこうした原義に立ち返りながら、ブローデルは、それは「資本主義」とはおよそ異質なものであると論じるのだが、この点に関し、世界システム論で知られるウォーラーステインは、ブローデルの主張を以下のように簡明に要約している（ウォーラーステイン（一九九三））。

**表1・1　「市場経済」と「資本主義」の対比(ブローデルら)**

| 市場経済 | 資本主義 |
|---|---|
| 規則的 | 不規則的 |
| 先の読める領域 | 投機の領域 |
| 小さな利潤 | 大きな利潤 |
| 解放 | 弱肉強食 |
| 真の需要と供給によって自動的に価格を調節 | 力と策略によって価格を強制 |
| 競争の規制を含む | 規制と競争，両者の排除を含む |
| 普通の人びとの領域 | ヘゲモニー強国によって保障され，そのなかに体現 |

①市場経済は「明瞭で「透明」でさえある現実」であり、市場の領域は、ブローデルが時に「ミクロ資本主義」と呼ぶことがあるが、「わずかな利潤」の世界であった。

②「市は一つの解放・一つの出口・別な世界への入り口」である。これに対して、「反－市場」の地帯では「巨大な略奪者が徘徊し、弱肉強食の論理がまかりとおっていた」。

③資本主義とは、集中の地帯、相対的に高い独占化、つまり「**反－市場**」の地帯のことである。

以上を踏まえたうえで、ウォーラーステインがまとめるブローデルの議論――市場経済と資本主義の差異――を対比表の形にすると**表1・1**のようになる。

このように「市場経済」と「資本主義」を区別してとらえる把握は、出発点における私たちの視座を広げてく

| | |
|---|---|
| 資本主義 | ………不透明な領域 |
| 市場経済(or 経済生活) | ………透明な領域 |
| 物質生活 | ………不透明な領域 |

**図1・1**　経済をめぐるブローデルの「3層構造」論

れるものであり、またそもそも「経済」とは何かというテーマを再考する契機ともなるものだろう。

ところで、ここで急いで補足する必要があるのは、以上のような議論のベースになっている、経済というものに関するブローデルの以下のような「三層構造」論である。

**図1・1**に示しているのがその内容だが、これはさほど難しいものではない。一番ベースにある「物質生活」は、文字通り私たちが日々〝衣食住〟を営んだり他者と関わったりして日常を過ごすレベルであり、それは「しきたりや無自覚的日常性」の領域でもあり、必ずしもすべて合理性によって動いているものではない。またこの領域は、ブローデルが「ヨーロッパにおいても、国民経済計算には参入されない自家消費やサービスが見られ、職人の店も少なくない」と述べるように、家事労働や自給自足的な営み、〝職人的な仕事〟といったものも一部含まれるだろう。

次に真ん中の「市場経済」は、文字通り市場の領域だが、これは先ほどから述べているように一定の透明性や公正性が生じる領域である。そして一番上にあるのが「資本主義」であり、ここでは上記のように（市場経済とは対照的に）不透明性、投機、巨大な利潤、独占、権力等といったものが支配的となる。

## 資本主義と「拡大・成長」

ブローデルの議論は多くの手がかりを与えてくれるが、それはいわば資本主義が（結果として）もつ性格を現象レベルで把握したものであり、資本主義の意味そのものの一歩手前にあるように思える。では、以上を踏まえた上で、資本主義の意味を私たちはどのようにとらえたらよいのだろうか。

純化した把握として掲げると、

資本主義＝「市場経済プラス（限りない）拡大・成長」を志向するシステム

という理解がもっとも重要なものになると私は考える。

ここでのポイントは、まず資本主義とは単なる市場経済（ないし市場経済が社会全体を広く覆ったシステム）とは異なるという点であり、これはブローデルの主張と重なる。言い換えれば、市場経済それ自体は、古代から存在しているものであり、あるいは先ほど紹介したマルクスの言にもあるように、およそ共同体と共同体が接触する場所で生成してきたものである。

では資本主義と市場経済が異なる点は何かというと、それは最終的に「拡大・成長」という要素に行きつくのではないか。つまり、単なる市場経済あるいは商品・貨幣の交換ではなく、あくまでそうした市場取引を通じて自らの保有する貨幣(そのまとまった形態としての資本)が量的に増大することを追求するシステム(あるいはそうした経済活動を広く社会的に肯定するシステム)、これが資本主義についてのもっとも純化した把握になると思えるのである。

言い換えれば、単なる市場経済ではなく、それが「拡大・成長」への〝強力なドライブ〟(駆動力)と一体となって作動する時、はじめて資本主義として立ち現れることになる。

ちなみに、以上のような資本主義のいわば〝手段〟として、財政的な強制力や中央集権的な統制力、植民地支配のための軍事力などをもった「(国民)国家」が重要な役割を果たすことがあるが、あくまでそれは手段たる装置であり、その形態や「ローカル―ナショナル―グローバル」という次元にわたる空間的広がりは歴史的に変容するものである(この話題については後でまた立ち返りたい)。

さて、慧眼の読者は気づかれたかもしれないが、以上の議論は結局のところ、マルクスが『資本論』第一巻で定式化した「G(貨幣)―W(商品)―G′(貨幣)」という、資本についてのシンプルな定式化に行きあたる。

つまり、もともと市場において存在するのは「W（商品）―G（貨幣）―W（商品）」という形態で、これは〝商品を売り、そこで得たお金で別の商品を買う〟というものだ。たとえば「住宅を売って、そのお金で別の住宅に買い替える」という例を考えてみればわかるように、ここでは住宅という具体的なモノの獲得が目的になっていて、さしあたりその購入でこのサイクルは完結する。ところが「G（貨幣）―W（商品）―G′（貨幣）」の場合は、最初にもっているのも後で得られるのも貨幣であることには変わりないので、後で得られた貨幣が最初の貨幣よりも数的に大きいことによってこそ意味がある経済行為となる。当たり前のことだがたとえば投機としての住宅購入は、あるお金で住宅を購入し、それをより高い価格で売ってこそ意味があるのだし、その「量的増加」がもっぱら目的なのである（しかもそれは一回のサイクルでは終わらず、反復される）。

こうした認識を踏まえてマルクスは次のように述べる。「単純な商品流通――買いのための売り――は、流通の外にある最終目的、使用価値の取得、欲望の充足のための手段として役だつ。これに反して、資本としての貨幣の流通は自己目的である。というのは、価値の増殖は、ただこの絶えず更新される運動のなかだけに存在するのだからである。それだから、資本の運動には限度がないのである。……この運動の意識ある担い手として、貨幣所持者は資本家になる」（マルクス〔一九七二〕、傍点引用者）。

なおマルクスは、この「G―W―G′」という定式化は商人資本、産業資本、利子生み資本（金融資本）のいずれにも共通する一般的なものとしており、金融資本の場合は、商品を介することなく資本を金融市場で運用してより大きなお金に変えるので「G―G′」となる。

**（＊）資本主義と「無限」**　以上に関連し、ウォーラーステインは、「私は、「資本主義」を、独自の定義で用いている。すなわち、「無限の資本蓄積が優先されるシステムとして定義される史的システム」という定義である」（傍点原著者）としたうえで次のように論じているが、実質的にはマルクスの把握と同様のものだろう。

「資本主義は、利潤獲得を目的として市場での販売のために生産を行う諸個人ないし諸企業の存在だけで定義されうるものではない。そのような個人や企業は、世界中いたるところに、何千年も前から存在してきた。賃金との交換で労働を行う個人の存在も、定義として十分ではない。賃労働もまた、何千年も前から存在していた。無限の資本蓄積を優先するようなシステムが現れてはじめて、資本主義のシステムの存在を言うことができる。この定義を用いると、近代世界システムだけが、資本主義的なシステムであるということになる。」（ウォーラーステイン〔二〇〇六〕、傍点原著者）

この議論は、(ある独特な)「無限」の概念こそが近代の本質であるという把握を思い出させる。このテーマを主題的に論じたのが下村寅太郎の『無限論の形成と構造』で、この中で下村は、古代ギリシャにおいては「無限」の象徴は〝円〟だったが、近代においてそれは〝(限りない)直線〟として形象されるようになり、(古代ギリシャの無限がいわば〝質的な無限〟であるのに対し)こうした量的な無限の拡大を積極的に志向する精神の様式こそが近代の特質であると論じた(下村〔一九七九〕)。本書の「はじめに」で言及した〝技術的特異点〟をめぐるカーツワイル的な(ポスト・ヒューマンの)議論は、まさにこのような思考の極北にあるものだろう。

## 価値意識と行動の変容

さて、先ほど資本主義について〝そうした(量的増大を志向する)経済活動を広く社会的に肯定するシステム〟という表現を使ったが、この点は次のような意味で重要なポイントを含んでいる。

すなわち歴史的には、そのような個人の利益追求の活動は、せいぜい消極的に許容されるか、場合によっては否定的にとらえられることも多かった。というのも、ある社会における「富の総量」が一定の有限の範囲にとどまるとすれば、ある個人の利益ないし〝取り分〟が拡大することは、さしあたり他の人の取り分の減少を意味するからである。そこではむしろ「倹約や節約」こそが肯定され、私利の追求や拡大はネガティブにとらえられるのが一般的であった。

だとすれば、上記のような資本主義システムが社会に浸透していくためには、そこにかなり根本的な価値観ないし倫理の転換が伴うはずであり、同時にそれは、社会全体の富の総量自体が「拡大・成長」するという(当時としては)新しい状況を不可分に伴うものだったはずである。

こうした、それまでの理解からすれば〝常識破壊的〟な世界観や主張を展開した象徴的な書物として、バーナード・マンデヴィル(一六七〇―一七三三)の『蜂の寓話(The Fable of the Bees)』という作品がある。

この著作については既に多くが語られてきたが、あらためて確認すると、マンデヴィルはオランダのロッテルダムに生まれ、やがて医師となり、その後ロンドンに移り住んで開業しながらいくつかの風刺的な作品や社会に関する論考を発表した文筆家・思想家である。『蜂の寓話』は一七〇五年以降順次公表されていったが、一七二三年の版からその〝反道徳的〟な内容が世間で大いに注目されるようになり、当時のミドルセックス州大陪審が本書を告発しマンデヴィルが弁明を行うといった出来事もあった。またこの著作あるいは彼の思想は、ヒューム、アダム・スミス、ベンサム、ミル、ヴォルテールといった人々に影響を与えていったと言われる(ちなみにアダム・スミスの『国富論』刊行は一七七六年)。

マンデヴィルの著作の要点は、同書のサブタイトルになっている「私悪すなわち公益(Private Vices, Public Benefits)」という言葉にある意味で集約されている。要するにマンデヴィルはこの本の中で、たとえば質素倹約といった個人のレベルでの〝美徳〟は社会全体の利益にはつながらないと述べ、逆に、これまで道徳的に悪とされてきた、放蕩や貪欲といった行為、一言でいえば限りない私利の追求という行為が、結果的にはその国や社会の繁栄につながり、また雇用や経済的富も生み出すと論じたのである。そこには粗野な形ではあれ、〝資本主義の精神〟ともいうべきものが凝縮された形で表現されている。

## 「パイの総量の拡大・成長」という条件

ところで、ではそもそもなぜ「個人の悪徳」ないし私利の追求が「公共的な利益」につながるのか。ここでもっとも本質的なポイントとなるのが、他でもなく「富の総量の拡大・成長」という点である。

つまり、先ほども少し述べたように、経済あるいは資源の総量というものがある一定の〝有限な〟範囲にとどまるのであれば、一人の強欲ないし取り分の拡大は、そのまま他の者にとっての取り分の減少を意味する。しかし、**もしもそうした「パイ」の総量自体が拡大・成長しう**

**るものだとすれば、状況は一変し、むしろ経済のパイの総量の拡大を促すような個人の行動こそが（他の者にとっても）望ましいということになる**だろう。

「個人の私利の追求→経済のパイの総量の拡大→（当人そして他者を含む）社会全体の利益の増大」というサイクルの開始であり、まさに先ほど指摘した資本主義の本質としての「拡大・成長」を支える論理である。資本主義とは、「〝私利の追求〟ということを最大限に（うまく）活用したシステム」とも言えるが、その条件は、何らかの要因によって経済のパイの総量が「拡大・成長」しうるという点に他ならなかった。

いま「何らかの要因によって」と述べたが、マンデヴィルよりも後の時代を含めてこの「パイの総量の拡大・成長」を可能にした条件は、一六世紀のイギリスにおける農村の初期的な工業化（毛織物業の発展などで、「プロト工業化」等と呼ばれる）に始まり（村上（一九九二）参照）、やがて一八世紀後半以降の産業革命を通じた新たな技術パラダイム、そしてそれによる地下資源・エネルギーの活用と、地球上の他の地域、つまり植民地への進出とそこでの大規模な資源開発であった。

ちなみに経済史家のポメランツはその著作『大いなる分岐（The Great Divergence）』の中で、一七五〇年頃まではヨーロッパの最先進地域たるイングランドと中国の長江下流域との間にきわめて類似した発展パターン(商業化とプロト工業化)が見られたが、その後ヨーロッパとアジアが大きく分岐し、かつそれまでの人類史と異なる大きな断絶が生じたとしつつ、その原因を(イングランドでの)石炭そして新大陸への植民地拡大という偶然的・地理的要因に求めている(Pomeranz(2000))。

これはまさに序章で述べた、人類の歴史の中での「**第三の拡大・成長**」と重なっており、私たちが(近代)資本主義と呼ぶものの実質は、この歴史的局面と対応していると言えるだろう。それは初発的には(ヨーロッパにおける地理上の発見等を通じた国際貿易の拡大という)〝空間的〟な側面を含むものではあるが、その中心は、自然資源の圧倒的な規模での開発と搾取という、食糧・エネルギーの利用形態の根本的な転換にあったと考えられるのである。

まとめると、ここでは二つの次元が関係しており、すなわち

(1)「個人—社会」の関係……個人が共同体の拘束を離れて自由に経済活動を行うことができ、かつそうした個人の活動が社会全体の利益になるという論理　【個人の独立】

(2)「人間—自然」の関係……人間は(産業)技術を通じて自然をいくらでも開発することができ、かつそこから大きな利益を引き出すことができるという論理　【自然支配】

という二者が強固に結びつくとともに、それを通じて経済のパイの総量の「拡大・成長」がそ

れまでにない大規模な形で追求されていったのが、それ以降現在に至る三〇〇年前後の時代であった。

そして以上の点は、先に示した「資本主義＝市場経済プラス（限りない）拡大・成長を志向するシステム」という把握と呼応し、つまりここでの「市場経済」は上記の⑴「個人―社会」の関係【個人の独立】に対応し、「拡大・成長」は上記の⑵「人間―自然」の関係【自然支配】に対応していることになる。

# 第2章　科学と資本主義

## 資本主義と近代科学の同型性

資本主義の意味を前章で考えてきたが、実はそれが「科学」――正確には「(西欧)近代科学」――の基本的な世界観や態度と同じ構造をもっているのではないか、ということを本章では浮かび上がらせてみよう。

科学史的な理解では、一七世紀にヨーロッパで「科学革命(Scientific revolution)」と呼ばれる現象が生じ、これが私たちが現在「科学」と呼ぶものの起源をなすわけだが、それは以下のような基本的な特質をもつものだった(この論点については第Ⅱ部でよりくわしく吟味する予定である)。つまりそれは、

(1)「法則」の追求――背景としての「自然支配」ないし「人間と自然の切断」

(2)帰納的な合理性(ないし要素還元主義)――背景としての「共同体からの個人の独立」

という二者で、前者は自然がそれに従って動くところの「法則(law)」を明らかにし、それを通じて自然をコントロールするという志向であり、後者は様々な事象を中立的・第三者的な観点から実証的ないし帰納的に把握し、かつそれらを個々の要素の集合体として理解するという志向を指している。

この場合、(１)の背景には人間と自然を切り離した上で、人間は自然を支配しまた利用し尽くすことができるという世界観が存在すると言えるだろう。他方、(２)の背景には、社会は独立した個人から成り立つもので、そうした異質の個人にとって説得力をもつような説明の様式は(たとえば伝統的共同体における神話的な説明などではなく)実証的・帰納的な対象把握であり、また(社会が個人の集合体としてあるように)自然現象もまた個々の要素の集合としてあるという理解が存在している。

以上の議論はやや抽象的に響いたかもしれないが、こうした近代科学のもつ世界観や志向を象徴する人物として、しばしば挙げられてきたのがイギリスの政治家(王室弁護士、大法官)であり近代科学のスポークスマン的存在だったフランシス・ベーコン(一五六一―一六二六)である。

ベーコンは著書『ノヴム・オルガヌム』(一六二〇年)の中で、「知と力はひとつに合一する。……自然はこれ〔知〕に服従することによってでなければ征服されない」と論じ、従来のような

**表2・1　資本主義と近代科学の比較——共通する世界観**

| 資本主義 | 近代科学 | 背景にある世界観 |
|---|---|---|
| 市場経済 | 帰納的な合理性<br>（ないし要素還元主義） | 共同体からの個人の独立 |
| 拡大・成長 | 「法則」の追求 | 自然支配（←人間と自然の切断） |

観照的な学問ではなく、自然を支配・活用しそれによって人間の生活を改善するような科学のあり方を主張する。また能動的に自然を操作する実験的方法や経験的なデータから一般法則を導く帰納法を強調し、そのうえで「自然は自由きままにさせておくよりも、技術により尋問し拷問にかけることによって、より明瞭にその姿を現す」と述べるのである（古川〈一九八九〉）。

このように見ていくと、結局ここで近代科学の特質として挙げている(1)(2)は、前章で資本主義の特質として挙げた二つの要素と実は重なってくることに気づく。つまり**表2・1**に示すように、資本主義と近代科学は、いずれも「共同体から独立した個人」および「自然支配（自然と人間の切断）」という、共通の世界観や志向から派生した営みであるという面をもっていることになる。

## 一七世紀——「科学革命」と資本主義の本格的始動

以上はやや概念的な整理だが、実際にも、ベーコンが新たな科学の方向を唱えた一七世紀という時代――「科学革命」の世紀――は、イギリスを中心に資本主義がまさに勃興あるいは本格的に展開を始める時期と重なっていた。

すなわち、一五～一六世紀にはジェノヴァ、ヴェネチアなどのイタリア都市国家が海洋貿易を発展させ、商業資本中心の資本主義が一定の萌芽を見せていたが、やがてその重心は北西ヨーロッパに移っていく。それは他でもなく、より「個人」の独立性と「自然支配」(人間と自然の分離)の傾向が強い地域――同時に「近代科学」の展開の中心となる地域――が世界史の前面に出る流れだったとも言えるだろう。

具体的には、一六世紀前後にはイギリスで毛織物産業など農村の手工業が生起し(前章でも言及した「プロト工業化」)、上級農民は「資本家」になっていくとともに、続いてそれはエリザベス一世時代(一五五八―一六〇三)の絶対王政・重商主義による庇護とも一体となって、言い換えれば国民国家の生成と不可分の中央集権的な〝経済ナショナリズム〟として、植民地の拡大を伴いながら文字通り「市場経済プラス拡大・成長」としての資本主義を加速させていくことになる。

そしてまた、「科学革命」の世紀でもある一七世紀が、「資本主義」の本格的始動期でもあったことを示す象徴的な事実としては、この時期におけるいわゆる東インド会社の成立(イギリス〔一六〇〇年〕、オランダ〔一六〇二年〕、フランス〔一六〇四年〕)があり、加えて先のエリザベスによる「救貧法 Poor Law」の制定(一六〇一年)を挙げるべきだろう(なお救貧法は一六世紀前半から幾度か制定されている)。

後者は、近代における福祉政策あるいは〝生活保護〟の起源とも呼べるものだが、資本主義の生成に伴う貧困の発生や格差拡大(この場合は農村を離れて浮浪する農民や仕事を失った一部の都市民など)に関わる最初の対応——ある意味で資本主義の最初の〝修正〟——と言えるもので、これについては本書の後段でより大きな視点からとらえていきたいと思う。

## 近代科学をめぐる三つのステップ

資本主義と近代科学のパラレルな発展という点を吟味しているわけだが、いま述べた一七世紀における「科学革命」——近代科学の成立——と資本主義の本格的始動というステップを含めて、それ以降の近代科学の歴史的展開を、科学における基本コンセプトとともに大きく概観するならば、それはさしあたり以下の**表2・2**のような形にまとめられるだろう。

まず表の(1)は、先ほど述べた一七世紀における「科学革命」と資本主義の本格的始動の時代である。

表2・2　近代科学をめぐる3つのステップ

| 時期 | 内容 | 特質および社会的背景 | 科学の基本コンセプト |
|---|---|---|---|
| (1)17世紀 | 「科学革命」 | • いわゆる(西欧)近代科学の成立<br>• 資本主義の本格的始動(＝市場経済プラス拡大・成長) | 物質(と力) |
| (2)19世紀 | 「科学の制度化」 | • 産業化(工業化)の時代<br>• 科学と技術の結びつきの強化(science-based technology)<br>• 国家による研究機関や大学システム等の整備<br>• 職業としての「科学者」の成立，現在につらなる学問分野の形成・制度化 | 物質／エネルギー |
| (3)20世紀半ば〜 | 「経済成長のための科学」という枠組みの成立 | • いわゆるケインズ政策との連動<br>• 政府による大規模な研究投資……典型例としてのアメリカ：「科学国家」<br>• “科学の体制化(incorporation)”(廣重徹) | エネルギー／情報 |
| 21世紀初頭〜 | ポスト資本主義<br>または超(スーパー)資本主義(〜ポスト・ヒューマン) | | 情報／生命 |

やがて一八世紀後半に産業革命が起こり、一九世紀以降それが社会全体の産業化ないし工業化として急速に展開していく中で、「科学」と「技術」の結びつきはより強固なものとなっていく。具体的には、繊維など軽工業を中心とする一八世紀後半の〝第一次産業革命〟では科学と技術の関連は薄かったが、一九世紀以降のエネルギーないし重工業を中心とする〝第二次産業革命〟においては、「科学」研究がそうした技術革新のベースとして重要な役割を果たすことになり、実際にも、(ニュートン力学では十分扱われていなかった)熱現象や電磁気などに関する物理学的研究等が、工業化の進展とまさにパラレルに発展していった。

同時に時代は〝市場経済プラス拡大・成長〟としての資本主義の全面展開の時であり、ヨーロッパを中心とする各国が植民地獲得や覇権、資源等をめぐって文字通り壮絶な戦いを始める中で、産業技術の強化そして軍事技術の開発という点からも、国策としての科学研究の振興を本格化することになる。

そうした中で、国家による研究機関や「大学」というシステム――中世的な大学とは異なる、実験室を備えた自然科学ないし工学的な研究部門を広くもつ大学――の整備、そしてまた(従来のようなパトロンに庇護される職人的存在とは異なる)分科した専門職業としての「科学者」の成立、現在につらなる学問分野の形成・制度化が確立していったのもこの時期だった(こうした「科学の制度化」と呼ばれる一連の展開について、古川(一九八九)、吉田(一九八〇)参照)。

## 最初の「定常経済」論とエコロジー

ちなみに本書の関心に関わる話題として、この時期つまり一九世紀の半ばに、近年活発な「定常経済論」ないし「脱成長論」の源流ともいえるジョン・ステュワート・ミルの「定常状態」論が出されていることに注目したい。

すなわち、ミルは著書『経済学原理』(一八四八年)――この著作は古典派経済学を集大成した書物とされている――の中で、人間の経済はやがて成長を終え定常状態(stationary state)に達すると論じた。現代の私たちにとって興味深いのは、人々はむしろそこ(定常状態に達した社会)において真の豊かさや幸福を得るという、ポジティブなイメージをミルが提起していた点である。ちなみに本書の後段であらためて取り上げるが、ドイツの生物学者ヘッケルが「エコロジー」という言葉を作ったのも概ね同時代(一八六六年)である。

では、現代にも通じるようなこうした論が、なぜこの時代に現れたのだろうか。基本的な背景として、産業化ないし工業化が始動しつつあったとはいえ、当時はなお農業の比重が大きく、ミルの議論も(一国内の)「**土地の有限性**」を意識したものだった。つまり経済は成長しても、やがて土地——「自然」と言い換えてもよい——の有限性にぶつかり、定常化に至るという発想ないし論理である。

しかしながら、やがて工業化がさらに加速し、農業から工業へと経済構造がシフトするとともに、植民地拡大を通じた自然資源の収奪が本格化する中で、ミルの定常状態論は経済学の主流から忘れられていくことになる。言い換えれば、経済あるいは資本主義が「土地」ないし「自然」の制約から〝離陸〟していったのである（農業から、及び一国経済の空間から）。

これと並行して、人間の経済は（あたかも「無限」の空間の中で）需要と供給の関係を通じて均衡するという新古典派経済学が台頭し（一八七〇年代）、その意味でもミルの議論は古典派の遺物となった。この意味では、ミルの定常状態論は、先の「近代科学をめぐる三つのステップ」における(1)から(2)への移行期の〝踊り場〟に生じたものとも言える。

いずれにしても、ミルの議論やヘッケルの「エコロジー」を外的・空間的に超える形で「拡大・成長」していったのが当時の資本主義であり科学であった。後の議論とつながるが、それから一〇〇年以上をへて、ミルの定常状態論に人類が地球規模で直面していることを指摘したのがローマ・クラブの『成長の限界』（一九七二年）だったと言えるだろう。

## 資本主義の〝修正〟と「経済成長」

近代科学をめぐる第三ステップは、二〇世紀の半ば以降、特に第二次大戦後から二一世紀初頭にかけての半世紀あまりの時代である。

この時期は、科学がより明確に国家の政策の中に組み込まれていった時代――これを〝科学の体制化〟と呼ぶ科学史家（廣重徹）もいる――であると同時に、後でも見るように資本主義が空前の成長を遂げた〝資本主義の黄金時代〟と呼ばれる時期（一九五〇〜七〇年代頃）を含む時代でもある。ただしその前史として一九二九年の世界大恐慌があり、そこから第二次大戦へと流れていった破局的な時代があった。

世界大恐慌は、大きく見れば資本主義がある種の「生産過剰」に陥り大量の失業者が発生した事態であり、これを踏まえてマルクス主義サイドは、生産の国家的ないし計画的管理としての社会主義への道が不可避と論じた。

それに対して、第二次大戦後の時代を含めて、いわば〝資本主義の救世主〟として現れたのが経済学者のケインズだったと言える。ここでケインズは、経済成長を最終的に規定するのは（生産ではなく）人々の「需要」であり、しかも人間の需要は、政府の様々な政策（公共事業など公共財の提供、社会保障などの所得再分配）によって誘発ないし創出することができ、これ

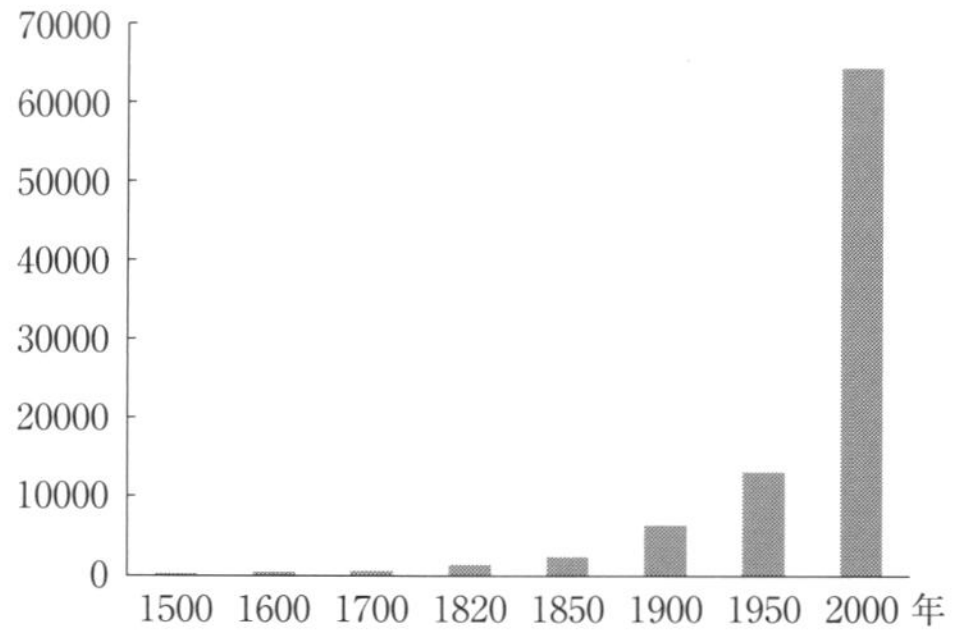


（注1）　対象国はオーストリア，ベルギー，デンマーク，フィンランド，フランス，ドイツ，イタリア，オランダ，ノルウェー，スウェーデン，スイス，イギリス.
（注2）　ドルは1990年換算.
（出所）　Angus Maddison, *The World Economy: Historical Statistics*, OECD, 2003より作成.

**図2・1**　西ヨーロッパ諸国のGDPの推移（1500–2000年，億ドル）

により不断の経済成長が可能であるとしたのである（実際それは七〇年代頃まで大きな成功をおさめた）。**図2・1**は一五〇〇年以降の西ヨーロッパ一二か国のGDPの推移を見たものだが、特に二〇世紀後半の伸びが大きかったことが示されている。

　後ほどあらためて整理するが、こうした考え方は、**人々の需要や雇用という、市場経済ないし資本主義の〝根幹部分〟を政府が管理しまた創出する**ことができるというものであり、ある意味で資本主義の根本的な〝修正〟とも言える理念である。実際、このようなケインズ政策は、特にヨーロッパの場合、社会保障の充実ないし「福祉国家」の展開と直結していったので（「ケインズ主義的福祉国家 Keynesian Welfare State」）、それは「修正資本主義」とも呼ばれた。

この用語は、主にマルクス主義の側から批判的な意味で使われた言葉であり、福祉国家は、社会主義(ないし共産主義)への移行という道を採らない、いわば資本主義との妥協的な産物ないし〝資本主義の延命策〟としてネガティブに把握されたのである。別の側面から言えば、この時代はすなわち米ソ冷戦の時代であり、〝純粋な資本主義〟たるアメリカと、〝純粋な社会主義〟たるソ連との狭間にあって、そのいずれでもない「中間の道 the middle way」としての福祉国家を選んでいったのがヨーロッパだった。

## 「GNP」の起源

ケインズ政策の「修正資本主義」たる性格を述べたが、同時にケインズ政策の主眼は、そうした政策によって人々の需要を喚起し、限りない「経済成長」を図っていくという点にこそあった。

いま「経済成長」という言葉を簡単に使ったが、意外なことに、国家あるいは政府の政策目標として「経済成長」が語られるようになったのは、実は比較的最近のことであり、ここで述べている第二次大戦後のケインズ政策の時代がまさにそれに重なっているのである。

この点に関し、ハーバード大学の元学長で法学者のデレック・ボックは、最近の著書『幸福の研究』で次のように述べている。「歴史家のジョン・R・マクニールが述べているように、世界のどこでも、「経済成長」を最優先することが、二〇世紀における最重要の思想であったのは疑いない。……しかしながら、その突出ぶりにもかかわらず、経済成長が政府の目標として最重要となったのは比較的最近のことである。アメリカでは第二次世界大戦後になってはじめて、景気循環の抑制や大量失業の回避といった長年の優先事項に代わって、成長が経済政策の主要目標となった」(ボック(二〇一二)、傍点引用者)。

実は、この点は経済成長に関する「指標」の整備ということとも深く関連している。経済成長に関する指標と言えば、もちろんGNP(国民総生産)ないしGDP(国内総生産)のことであり、私たちはそれが〇・〇パーセント伸びたかどうかで一喜一憂する時代を生きているのだが、GNPという指標が整備されたのがまさにこの時代だった。

すなわち、先ほどふれた世界大恐慌(一九二九年)を受けて、アメリカ商務省が経済学者サイモン・クズネッツ——経済成長と格差の関係に関する「クズネッツの逆U字カーブ仮説」でも知られノーベル経済学賞も受賞——に経済成長に関する統計の開発を依頼し、そこでできたのがGNP統計(「国民経済計算」)だった。クズネッツは戦後、世界各国でのGNP統計の開発を指導し、世界はこうして「GNPの時代」に入っていく。言い換えれば二〇世紀後半、「GN

Ｐ」(ないしＧＤＰ)という指標を得たことで、資本主義はその「拡大・成長」という中心軸に関する(あるいは資本主義というシステムそのものに関する)重要な後ろ盾を得たとも言える。

加えて、以上のような経緯を踏まえれば、いわば「〝ＧＮＰの起源〟としての世界恐慌」という把握が可能であるだろう(福島(二〇一二))。つまり人々の認識や行動を方向づけるような影響力をもつ「指標」というものは、〝真空〟の中で生まれるのではなく、ある時代の経済社会的あるいは政治的な文脈の中で生成するのである。

思えば近年、ブータンの「ＧＮＨ(Gross National Happiness)」をはじめ様々な幸福度指標をめぐる展開があり、あるいはフランスのサルコジ大統領(当時)の委託を受けてノーベル経済学賞を受賞したスティグリッツやセンといった経済学者が「ＧＤＰに代わる指標」に関する報告書を刊行するなど(Stiglitz et al. (2010))、「豊かさ」の指標に関する動きが活発化している。

これは何を意味するのか。後の議論を一部先取りするが、現在、「ポスト・リーマンショック」という時代状況にあって、**ちょうど世界大恐慌がＧＮＰという新たな指標を要請し、それがケインズ政策と連動していったのとパラレルに、**現在の世界の状況を踏まえた真の豊かさや発展に関する新たな指標やコンセプト、ひいては「限りない拡大・成長」というパラダイムそのものの根底的な見直しが求められる時代に私たちは入ろうとしているのではないだろうか。

## 「科学国家」と「福祉国家」

二〇世紀後半を特徴づけたケインズ政策に関連して、「科学国家と福祉国家」という視点にも注目してみたい。

ケインズ政策は、先ほどもふれたように、政府が市場経済への様々な介入を行い、それによって需要の創出ひいては経済成長を図ろうとする考え方であるが、では具体的にどのような領域に政府が関わっていくかは、国によって異なる形態をとるものだった。教科書的な言い方をすれば、市場に政府が介入することが合理的に是認されるのは、

(a)「市場の失敗」の是正……たとえば「公共財」の提供(道路などの公共事業、科学の基礎研究への投資など)

(b)所得再分配……特に社会保障や税制

のいずれかで、形式的に言えば(a)は〝市場原理の補完〟であり(市場の失敗が起こりやすい領域において、それが生じないような介入を行い市場機能をうまく作動させる)、(b)は〝市場原理の修正〟ということになる。

このうち(b)について、そもそもなぜ社会保障などの所得再分配政策が(ケインズ政策の目的

たる）需要増加と経済成長に結びつくのか。

それは、低所得者よりも高所得者のほうが所得のうち消費にまわす割合が低いため――いわゆる〝限界消費性向の逓減〟――、**高所得者から低所得者に所得の再分配を行ったほうが、社会全体の消費ないし総需要が増え、それが経済成長につながる**という考え方だった。やや単純化して言えば、〝一部の富裕層のみが自動車を保有するような社会よりは、すべての人ないし世帯が自動車をもつ社会のほうが、経済の規模は大きくなる〟という発想である。こうした「所得の平等化と経済成長の同時成立」が現に実現していったのが一九六〇～七〇年代頃までの時代であり、先にもふれたクズネッツの逆U字カーブ仮説（経済発展のある段階以降になると所得格差が縮小に向かう）はこのような状況を踏まえて出されたものだった。

以上のようなケインズ政策的枠組みにおいて、他国に比べて「科学研究」への公的投資に圧倒的な力を注いできたのが第二次大戦後のアメリカであり、他方、社会保障を通じた再分配に優先的なプライオリティを与えてきたのがヨーロッパであったと言える。象徴的に、前者を「**科学国家** science state」、後者を「**福祉国家** welfare state」と呼ぶことが可能であるだろう（アメリカの「科学国家」としての政策については第Ⅱ部でさらに詳しく見ていく予定である）。

もちろん、〝資本主義の黄金時代〟たるこの時代の駆動力になったのは、決してそうした政府の介入だけではない。言うまでもなくこの時期は自動車、多様な家電製品、石油化学製品などの耐久消費財等が一気に普及した時期であり、それは「産業化社会・後期」とも呼べるような、広い意味でのエネルギー関連技術の社会的普及段階とも重なっていた。

同時にそれは、社会学者の見田宗介が『現代社会の理論』で印象深く論じたように、単なるモノの消費（マテリアルな消費）ではなく、むしろデザインやモードなどへの関心に導かれた、「情報の消費」という性格を色濃くもつものだった。ここでの「情報の消費」とは、ITやインターネットといった意味でのそれではなく、たとえば服を買う場合にそれを〝寒さをしのぐための素材〟として購入するのではなく、そのデザインやファッション性に注目して購入するという意味である（見田（一九九六））。こうした「情報の消費」はある意味で〝主観的〟なものであり、また〝非物質的〟な要素を含んでおり、そうであるがゆえにそれは「無限」に拡大しうるポテンシャルをもっている。

このように、科学の基本コンセプトと資本主義の進化を大きな視点で見ると、「エネルギー／情報」が両輪となって、この時期の消費拡大と成長を支えたと言えるだろう。

ケインズ政策を軸とする二〇世紀後半について見てきたが、この後の議論も含めて全体的な展望を見やすくするために、ここで一七世紀前後からの資本主義の進化と今後の展望を**図2・**

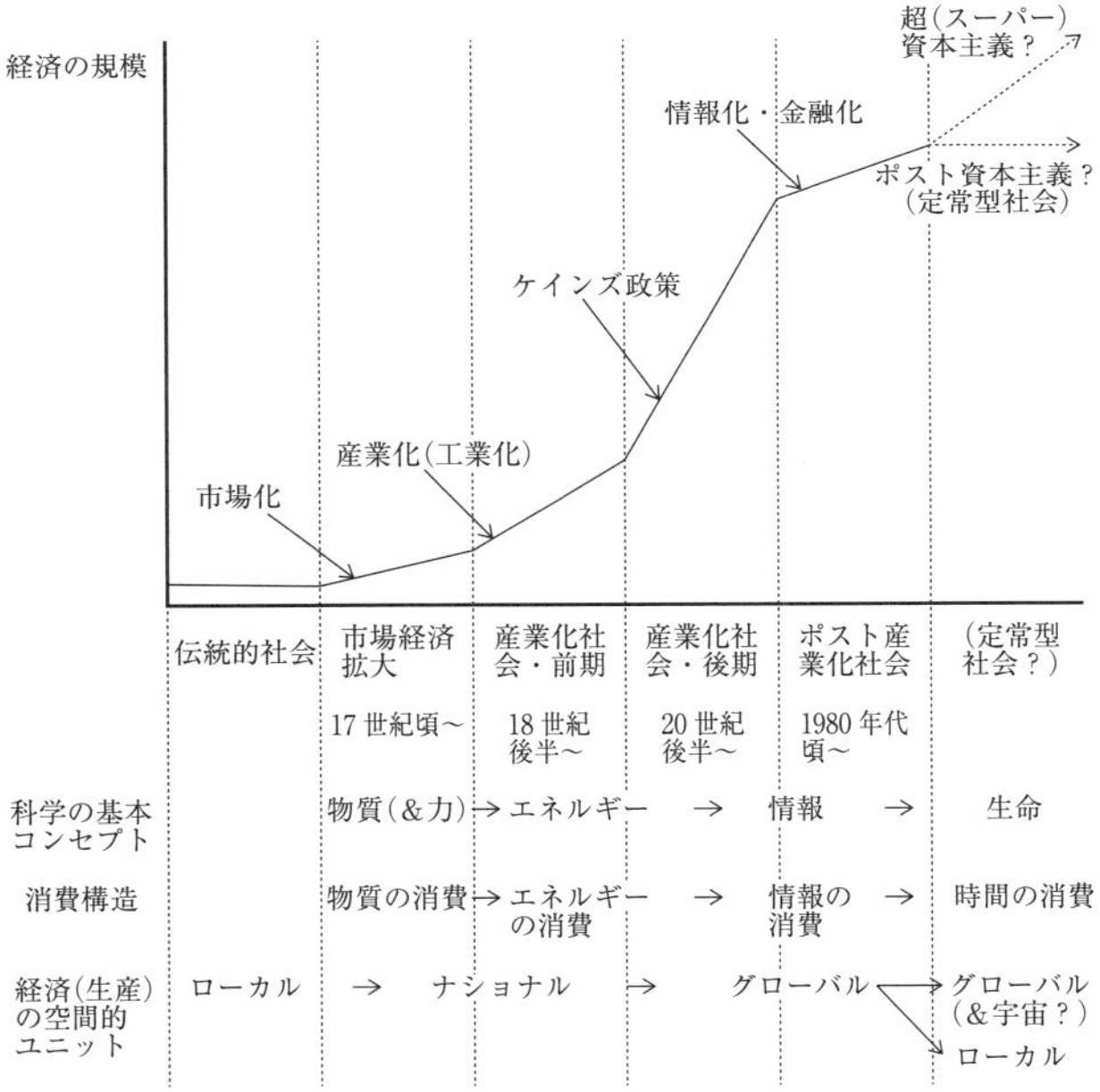


**図2・2　資本主義の進化と展望**

2のように整理してみよう。

## 七〇年代の「成長の限界」論と現在

ケインズ政策的な対応が一定以上の有効性をもち、〝資本主義の黄金時代〟が実現していたのが第二次大戦後から一九六〇年代前後までの時代だったが、七〇年代頃からそうした状況は大きく変容し、新たな局面に入ることになる。

さしあたりその象徴的出来事として挙げられるのは一九七三年のオイル・ショックであり、

無尽蔵かつ安価に存在すると想定されていた石油などの自然資源の有限性が、〝資源ナショナリズム〟の台頭とともに明るみに出ることになり、先ほど一九世紀におけるジョン・スチュワート・ミルの「定常状態」論で想定された資源の有限性という点が、地球規模で認識されるに至ったことになる。

奇しくもローマ・クラブによる『成長の限界』は前年の一九七二年に公刊され大きな話題となっていた。ミルが想定した(農業における)土地の有限性を、工業化と植民地化がいったん乗り越えたかに見えたが、今度はその工業化自体が資源的限界に直面することになったのである。

これは大きな視点でとらえれば、人類史の中での「第三の拡大・成長」期としての近代資本主義の全体プロセスにおける、(ミルの定常状態論に次ぐ)いわば**第二段階の定常経済論**であり、それは**工業化の資源的限界**という歴史的局面と呼応していた。

同時に、こうした自然資源の有限性が「拡大・成長」にとってのいわば〝**外的な限界**〟とすれば、ある意味でより根底的な次の点があった。すなわちそれは、ケインズ政策や各種の技術革新の浸透を通じ「高度大衆消費社会」が現実のものとなる中で、言い換えれば〝モノがあふれる〟ような社会が浸透していく中で、人々の需要が徐々に成熟ないし飽和し、かつてのように消費が際限なく増加を続けるという想定が維持できなくなるという、いわば〝**内的な限界**〟

とも呼ぶべき状況である。

こうした中で、再分配を通じた「拡大・成長」と一体のものとしてあった(ヨーロッパの)福祉国家もその基盤が揺らぎ始め、一九八一年にはOECDの報告書『福祉国家の危機 welfare state in crisis』が出されるに至る。加えて、先ほどふれた近年の動きともシンクロすることだが、この時代には、以上のような状況も受ける形で「GNPに代わる指標」を作成する試みが様々な形で提起されたのである(福士(二〇〇一)参照)。

このように「経済成長」への懐疑論が様々な角度から提起され——それは最近の「脱成長」論や「定常経済」論への関心の高まりと共振している——、またGNP(ないしGDP)に代わる「豊かさ」や新たな指標づくりの試みが積極的に行われるという点において、さらには「南北」間の経済格差をめぐる議論が活発になされるといった点を含めて、七〇年代前後と現在とは一定の類似した側面をもっている。

逆に言えば、七〇年代に一度沸き起こった「成長の限界」論がそれ以降近年までいったんは〝後退〟したかのように見えたのは、おそらく八〇年代以降の二つの動き、すなわち、

①情報技術の展開とも一体となった、アメリカが主導する金融の自由化とグローバル化

②いわゆるBRICsに象徴されるような新興国の台頭と工業化

による面が大きいだろう。①は先進資本主義国における「ポスト工業化」としての〝情報化・金融化〟の歴史的局面であり、②は工業化のいわば空間的拡大の局面とも言える。もちろん①と②は緊密に連動しており、つまり先進諸国では上述のように国内市場が成熟して従来のような消費拡大が望めないため、だぶついたマネーが新たな市場と投資先を求めて新興国に流れ込み、それとそれらの国々の(〝一周遅れ〟の)工業化と消費拡大が呼応する関係にある。

しかしそうした新たな展開(特に①)が、少なくともいったん明確な形で破綻したのが二〇〇八年のリーマン・ショックだった。その影響は甚大だったが、他方、「はじめに」でも述べたように、最近ではリーマン・ショックは既に〝過去〟のものとなったという議論も現れてきている。

私たちは現在どのような場所に立っているのか。資本主義は再び新たな「拡大・成長」のサイクルに入ろうとしているのか。むしろそれとは異なる、より根本的な局面を私たちは迎えようとしているのか。こうした点を次章で考えていこう。

# 第3章　電脳資本主義と超（スーパー）資本主義 vs ポスト資本主義

## 資本主義あるいは工業化の空間的拡大

あらためて整理すれば、前章で八〇年代以降の展開として記した二つの点は、それぞれいわば資本主義システムにおける経済活動の、

①時間的拡大
②空間的拡大

ということができるだろう。

比較的内容が見えやすい②についてまず確認すると（①の「時間的」の意味は後ほど説明したい）、ＢＲＩＣｓ（ブラジル、ロシア、インド、中国）や、それに続いて工業化等を軸とする経済発展を加速している国々、ひいては〝資本主義の最後のフロンティア〟としてのアフリカ——いみじくもそれはホモ・サピエンスが二〇万年前に誕生した場所でもある——、等々といった議論がされてきたように、資本主義あるいは工業化（産業化）・情報化の波が地球全体に広

がる流れは今後当分の間は続いていくだろう。

しかしながら、地球資源の有限性という論点はもちろんのこと、このテーマを考えるにあたっては、次のような事実への注目が重要と私は考えている。

それはまず「**地球規模での少子化・高齢化の進展**」という現象であり、たとえばアジアについて見ると、東アジアの多くの国々の合計特殊出生率(一人の女性が生涯に産む平均子ども数)は日本よりも低いものとなっている(日本の一・四三(二〇一三年)に対し韓国一・二四(二〇一一年)、台湾一・〇七(同)、香港一・二〇(同)、シンガポール一・二〇(同)といずれも日本より低い)。

また、巨大な人口がひたすら増加しているように見える中国も、(一人っ子政策の影響もあり)人口は二〇二五年頃に一三・九億人でピークに達し、以降は減少に移ると予測されている(国連"World Population Prospects"二〇一〇年版)。そして世界全体では人口は徐々に増加が緩やかになり、二〇一一年に七〇億人に達した世界人口は二一〇〇年には一〇九億人程度でほぼ安定することが予想されている(国連"World Population Prospects"二〇一二年改定版での中位推計)。二〇五〇年時点での人口推計が九六億人なので、二一世紀後半はむしろ世界人口の成熟・定常期に入っていることになる(西川(二〇一四)参照)。

ちなみに高齢化については、二〇三〇年までに世界で増加する高齢者(六〇歳以上)のうち、その約三割(二九%)が中国の高齢者であり、同じく二九%が中国を除くアジアの高齢者であると推計されている(World Bank(1994))。なお残りは「他の発展途上国」が二八%で、日本を含む先進諸国(OECD加盟国)は一四%に過ぎない。つまり「高齢化」というと先進国に特有の現象のように考えられることが多いが、二一世紀はむしろ〝**高齢化の地球的進行**(global aging)〟が進んでいく時代なのであり、それは自ずと人口の成熟ないし減少を意味する。

## 定常化と「新しい中世」？

こうした点に関して人口学者のルッツは、「二〇世紀が人口増加の世紀――世界人口は一六億から六一億にまで増加した――だったとすれば、二一世紀は世界人口の増加の終焉と人口高齢化の世紀となるだろう」と述べている(Lutz et al.(2004)、傍点引用者)。

もちろん、以上のうち特に世界人口の推計に関しては、それは(たとえばアフリカの今後の人口動向等について)希望的観測を含むもので予断を許さないし、また工業化等に伴う一人当たりのエネルギー消費の増加を考えれば事態の困難性はさらに高まる。加えてその過程で予想される各種の資源の争奪戦や、地域間での格差あるいは分配の問題を考えれば、それは困難を極める状況であるだろう。

しかしながら、二一世紀の後半まで視野に入れて考えた場合、私がこれまで「**グローバル定常型社会**」と呼んできた姿、つまり「二一世紀後半に向けて世界は、高齢化が高度に進み、人口や資源消費も均衡化するような、ある定常点に向かいつつあるし、またそうならなければ持続可能ではない」という認識ないし展望は、ある意味で不可避のものと言えるのである(広井(二〇〇九a)参照)。

ちなみに国際政治学者の田中明彦は、一九九六年に公刊した著書『新しい中世』において、「現在の世界システムは、「新しい中世」に向けての移行期にある」としつつ、次のように述べている。

「現在の人口爆発や環境破壊が、破局的な帰結をもたらさないためには、「新しい中世」もまた、ヨーロッパ中世のように、人口においては定常的なものにならなくてはならないであろう。……とすれば、長期的にいえば、「新しい中世」は、やはり近代世界システムを特徴づけた、拡大・深化する経済的相互依存をもまた停止させた世界になるのかもしれない。しかし、このようなことが起こるのはまだかなり先、少なくともあと一世紀くらいは先のことになるであろう。さらにいえば、このような定常状態が本当に破局なしに実現できるかどうかはわからない。……現在の世界システムの傾向が、大枠でいって「新しい中世」に向かっているのだとしても、

それは必然ではないし、具体的に何が起こるかを確定するものではない」(田中(二〇〇三))
　ある意味でこれは現在の世界の状況についての冷静な診断と言えるだろう。加えて、田中の「新しい中世」論のポイントの一つは、国民国家が中心的なアクターとなっていった近代世界システムに代わって、これからの時代は主体が多元化し、(ちょうど中世において教会やギルド、都市国家など多様な主体が幅広い活動を行っていたのと同様に)NGO・NPOや企業など様々な非国家的主体が活躍するようになるという点にある。
　私の関心に引き寄せて言えば、そもそもなぜ世界が「新しい中世」に向かい、またそこでの主体が多元化していくかの背景ないし根拠を考えると、それは本書で見てきたような、一六、一七世紀から続いた「市場経済プラス拡大・成長」としての資本主義システムが、成熟化ないし定常化する時期を迎えつつあるからに他ならない。つまり、いわば拡大・成長の〝急な坂道〟を上る時代には、国家を中心とした集権的かつ一元的なベクトルのもとで社会が動いていくが、そうしたベクトルが後退する定常化の時代には活動主体も多元的になり、また地球上の各地域も一様の方向に向かうのではなく、むしろ多様化していく。これは「ポスト資本主義」をめぐる本書の第Ⅲ部の議論とも関わってくる。

## 金融化と情報関連技術——情報文明の飽和と「ポスト情報化」

以上は先ほど八〇年代以降の資本主義の拡大・成長を支えた要因として指摘した二つの点（①「時間的拡大」＝情報技術の展開とも一体となった、アメリカが主導する金融の自由化とグローバル化、②「空間的拡大」＝いわゆるＢＲＩＣｓに象徴されるような新興国の台頭と工業化）のうち主に②に関するものだが、ある意味で資本主義／ポスト資本主義というテーマを考えるにあたってより本質的な意味をもつ①についてはどうか。

まず、こうした金融のグローバル化と、この時期における科学・技術の新たな展開とが文字通り〝両輪〟の関係であったことを確認しておこう。つまりここでも「科学と資本主義」は不即不離の関わりをもっているのである。

いま「科学・技術の新たな展開」と記したのは他でもなく「情報」関連科学・技術のことを指している。ただし、ここで少し注意する必要があるのは、こうした情報関連技術分野での基本コンセプトないし基礎研究自体は、かなり以前の一九四〇年代頃にさかのぼるものであるという点だ。

すなわち、その重要な起源はクロード・シャノンの情報理論の定式化（一九四八年）であり、シャノンは情報量（ビット）の概念を導入して情報論の基礎を築き——これによって二進法を使えばすべての情報が0と1で理論上表現できるという世界観が生まれた――、また同じ頃（一九四七年）に数学者ノーバート・ウィーナーが「通信と制御の理論」としてのサイバネティクスの考えを提起した。

ウィーナーの研究を促した一つの背景には、第二次大戦時におけるレーダー開発があり、ここでウィーナーは戦時には従来のものよりはるかに高度な計算機が必要になると予想し、そうした計算機のために満たされるべき条件として、ディジタル型であること、二進法の使用、論理的判断と記憶を機械にやらせること等を挙げていた（広重〔一九七九〕）。

言うまでもなく、第二次大戦後こうした計算機はエレクトロニクス技術の発展とあいまって飛躍的に高度化していき、やがて通信技術や通信インフラ整備と一体に九〇年代以降のインターネット時代に入り現在に続くことになるわけだが、その理論上の基盤そのものは、かなり古い一九四〇年代前後に作られたものであることは今あらためて確認する必要があるだろう。

そして、一般的に科学的探究に基づく技術の展開が、

①基礎科学ないし理論の確立→②技術的応用・革新→③技術面での発展と社会的普及→④社会的な成熟ないし飽和

と進むとすれば、情報関連技術に関して、以上のように大きくは「①＝一九四〇年代前後、②

＝一九六〇〜七〇年代前後（大型コンピューター開発など）、③一九八〇〜二〇〇〇年代前後」と見ることができ、現在は④の段階に入っている時期なのである。

そうした意味で、後の議論を先取りして言うならば、私たちが生きる今という時代はいわば「**情報文明の成熟化ないし飽和**」あるいは「**ポスト情報化**」ともいうべき局面への移行期と考えるべきであり、今後の時代の方向として〝ＩＴ革命とグローバル化〟といったことを過度に強調するのはミスリーディングというべきだろう（この話題については、科学そのものの内容や「生命」との関連にそくして第Ⅱ部でさらに考えてみよう）。

## 「期待の搾取」と資本主義の自己矛盾

さて、八〇年代以降顕著になったアメリカ主導の金融の自由化とグローバル化そのものについて見ると、そこで働いていた重要な論理として、「**期待の搾取**」とも呼ぶべき構造があったと思われる（ちなみに水野和夫によれば、アメリカでの金融業の全産業利益に占めるシェアは一九八四年には九・六％にすぎなかったのが、二〇〇二年には三〇・九％にまで上昇したという（水野（二〇一四））。先ほど資本主義の「時間的拡大」と呼んだのはこの点に関わっている。

すなわち、およそ金融という領域が収益を上げていくには、何らかの意味での「実物経済」

面での生産や消費の拡大が必要であり、先ほど述べた新興国の工業化による経済発展についてはそれがまさにあてはまるものだった。つまり先進国の国内市場がかりに飽和しても、それら新興国の工業化や消費拡大にいわば〝寄生〟する形で先進国の資本主義は当面は生き延びることができるのである(そうした「フロンティア」自体も徐々に縮小しているのだが)。

これに対し、先進国の国内市場については、ある程度以上モノが行き渡った後には人々の消費は次第に成熟化・飽和していき、従来のような拡大・成長は望めなくなり、ここ数十年の先進諸国が実際そうであるように、既に構造的な低成長に入っている。

**(＊)資本主義の最終段階としての金融拡大局面**　こうした点に関し、世界システム論の論者の一人であるジョヴァンニ・アリギは、第1章でもふれた歴史家ブローデルの議論を援用しながら、資本主義の歴史的サイクルは「物的生産拡大の局面と金融的拡大の局面」によって構成されるという議論を二〇世紀を中心に展開している。ちなみにブローデル自身は、「資本主義的発展は、金融的拡大の段階に達することによって、ある意味ではその成熟に達したように思われる。それは秋の兆しである」と述べている(アリギ(二〇〇九)、傍点引用者)。昨今の世界における〝金融緩和〟政策の拡大はこのような視点からも把握されるべきだろう。

こうした経済の構造的成長の状況において、金融業が利益を生み出すひとつの有効な方法と考えられるのが、ここで「期待の搾取」と呼んでいるものであり、その象徴的な例がアメリカでのいわゆる「サブプライム・ローン」だったと言える。

「サブプライム・ローン」は、その名前が示す通り（「サブ」は「下」、「プライム」は「優良」の意味）、中所得層以下を対象とした住宅ローンの一種で、当初は比較的低い利子であるものが後になって一気に返済利子が高くなっていく内容のものが多い。アメリカでは九〇年代から住宅バブルが起こっていたが、それに翳りが見えてくる状況の中で、本来は住宅を買う余裕のないような低所得者層をターゲットにしてこうした仕組みが作り出され、しかし上記のような内容から借り手は借金地獄に陥り、やがて住宅バブル崩壊の中でシステム全体が破綻することになった。そしてこれが二〇〇八年のリーマン・ショックあるいは金融危機の元凶となったのである。

さて、私がこれを「期待の搾取」と呼んだのは次のような意味からである。

上記のように、ある程度以上の物質的な豊かさが実現した先進国においても、所得格差は存在しており、ある意味でそうした格差が大きい社会であればあるほど、相対的な格差への不満という点から、特に中間層以下は現在よりも所得が上がることを欲するのが通常である。そして、こうした所得格差をめぐる状況を「再分配」、つまり税や社会保障による高所得者から低所得者への所得の移転によって是正し、しかもそれによって（社会全体の消費ないし需要を拡大させ）経済成長を図るというのが、他でもなく先にふれたケインズ主義的福祉国家の考え方であり現に実施された政策であった。

こうした財政政策主体の対応に対して、サブプライム・ローンに見られるような「金融」政策主体の対応は、（高所得者から低所得者への）**再分配を行うことなく、つまり所得の平等化を進めることなく、**いわば〝未来〟に対する低所得層の「期待」に働きかけて、その未来の収益を先回り的に収奪するという構造になっている。他方で富裕層などは保有するマネーの拡大それ自体への関心が高いので、こうした政策は積極的に支持されることになる。

しかもより根本的な矛盾は、そのような貸し付けを行った金融機関については、いわゆる「**システミック・リスク**（＝システムそのもののリスク）」の名のもとで、あるいは〝too big to fail（大きすぎてつぶせない）〟という理由から、しばしば政府ないし国家によって救済されるという点にある。この場合の「システム」とは、まさに「資本主義というシステム」と言えるが、こうした救済策は、経済学者の西部忠も論じているように、「資本主義の自己矛盾」と呼べる性格のものと言えるだろう（西部（二〇一四））。

というのも、本来資本主義は、少なくとも表向きには〝自由な市場、競争、自己責任〟という原則に立脚するシステムであるはずなのに、上記のような救済は、逆説的にも資本主義の中枢部分(ここでは金融機関)ではこうした原則が適用されないという矛盾を示しているからである。中枢にいる者は「自己責任」の原則に逆らって救済され、末端にいる者については自己責任原則が貫徹するとすれば、それはきわめて〝アンフェア〟なシステムということになる。

思えばブローデルは、資本主義とは「反 - 市場」の地帯であり、「巨大な略奪者が徘徊し、弱肉強食の論理がまかりとおっていた」と述べていた。ちょうどここに来て、私たちは第1章の冒頭での、ブローデルの「**資本主義は反 - 市場的である**」という議論に、現代的なリアリティをもって回帰することになる。

## 金融市場の〝無限の電脳空間〟と「意識の無限化」のビジョン

では私たちは、こうしたテーマの全体をどのように考え、またそれに代わるどのようなシステムを構想すればよいのだろうか。

振り返れば、ケインズ政策のところで「修正資本主義」という話題について述べたように、実は資本主義のこれまでの歴史とは、資本主義がその内容に順次〝修正〟を加えてきた歴史であり、しかもそれは、資本主義のより根幹部分に政府(ないし国家)が介入していくという、いわば資本主義の段階的な〝社会化〟の歩みだったと言える。

そして、八〇年代以降の金融資本主義の展開に関して以上述べたような状況を受けて、次なる資本主義あるいはポスト資本主義のありようを、その「分配」（ないし格差）という側面と、「拡大・成長」という側面の双方からとらえ構想していくのが本書の後半の課題となるのだが、その吟味に入る前に、今論じているテーマが根底にはらんでいる深い意味についてもう少し考察を進めてみよう。

それは先ほど少しふれた「期待」ということに関してである。

実は論者の中には、人間の（主観的な）「期待」というものはある意味で〝無限〟であり、したがって経済あるいは資本主義は文字通り〝無限の「拡大・成長」〟が可能であると考える人々がいる。第1章で指摘した、近代の資本主義が最初から〝無限〟ということと不可分のものだったという点がここで想起される。それはむしろ資本主義の本来の理念に忠実な考えでもあるのだ。

グローバル金融市場における〝無限の電脳空間〟はある意味でその象徴とも言えるだろうし、それは科学・技術の領域にそくして見れば、他でもなく本書の「はじめに」で言及したカーツワイルの議論——最高度に発達したＡＩと人体改造が融合して〝意識の無限化〟が図られるというビジョン——と共振することになる。私たちはこうした話題をどう考えたらよいのか。

このような点について透徹した議論を行っている一人に、先ほどもふれた経済学者の西部忠がいる（西部〔二〇一四〕）。西部の基本的な主張は、「貨幣があってこそ市場や商品は存在する」という点を確認した上で、貨幣とは究極的には「幻想であると同時に現実」であるという点にある。

そもそも貨幣というものが、ある種の慣習的な合意ないし信頼によって成り立っているという点は、あらためて指摘するまでもないだろう。つまり今使っている「お金」は、それ自体は単なる〝紙切れ〟にすぎないが、しかしそれが経済的に価値ある存在として、人々がこの社会の中で了解し使用しているという前提があって初めて、それは意味あるものとなる。

このことは、貨幣という存在が、原初の穀物や家畜等から、貴金属（金・銀）、鋳貨、紙幣、小切手、預金通貨そして電子マネーや近年のビットコイン等々へと進化してきた流れを見ればより明瞭になる（西部はこれらを貨幣の「情報化（脱物質化）」と「信用貨幣化」と呼んでいる）。

こうした意味で、やや難しい言い方をすれば、貨幣とは〝間主観的（共同主観的）な了解〟の上に成り立っている存在であり、いわば一種の「共同幻想」であり、そうした意味で「幻想であると同時に現実」であると言える。ここで、序章で提起した〝現実とは脳が見る（共同の）夢か〟というテーマが具体的なリアリティをもって立ち現れることになる。

## 経済・貨幣をめぐる「幻想と現実」の交差

しかし西部が論じようとすることの実質はもう少し先にある。ここで手がかりとなる興味深い例として彼が挙げるのが、「太陽黒点説」をめぐるケースだ。「太陽黒点説」とは、もともとはイギリスの経済学者ジェヴォンズが唱えた荒唐無稽とも言える説をさす(ジェヴォンズはこの説を一八七五年から八二年に著名な科学雑誌『ネイチャー』に何回か投稿しているそうだ)。

太陽の黒点の数は、太陽の輻射活動の活発さと関係しており、それが多い時には地球上へ降り注ぐエネルギーが増大し、気温上昇などの気象変動から農業生産性が上がり、その結果として穀物価格が下がるというのが太陽黒点説の内容である。日本人なら〝風が吹けば桶屋がもうかる〟という話を連想するような「因果関係」だが、上記のジェヴォンズはこのこと(一〇〜一一年の周期で変動する太陽黒点数が景気循環に影響を与えている)を統計データに基づいて唱えたのである。

そしてこの話のポイントは次の点にある。それは、太陽黒点説そのものが事実として正しいかどうかは別として、もしかりにこの説を多くの人が「信じた」としたらどのようなことが起こるかという点だ。

かりに太陽黒点があるとき増えたとしよう。穀物価格はやがて下がるという、太陽黒点説による予測に基づいて、生産者のほうは（価格が下がる前に売っておこうと考え）売り急ぎ、逆に消費者のほうは、（価格が下がるまで待とうと考え）買いを控え、まさにそうした両者の行動によって、実際に穀物価格は下落することになる。つまり、太陽黒点説が客観的に正しいかどうかとは別のところで、その説を「信じる」という人々の主観的な認識それ自体によって、太陽黒点説という法則は〝実現〟したことになる。

西部はこれを「**観念の自己実現**」という言葉で表現しているが、実はこれは一般に〝**予測（ないし予言）の自己実現**〟と呼ばれている現象と実質的に共通のメカニズムのものだろう。〝予測の自己実現〟とは、単純にはたとえば「〝中国がやがて日本に攻めてくる〟とかりに多くの人々が予測し（または誰かが予言してそれを人々が信じ）、日本が軍事力を大幅に強化したら、それを見た中国が脅威を感じ、日本に攻撃をしかけてきた」といった例に示されるもので、「中国が攻めてくる」という〝予測〟が、まさにその予測とそれによって生じた「現実」の変化によって〝自己実現〟したのである。

「観念の自己実現」に関する西部の議論に戻ると、彼はさらに、こうした太陽黒点説に限らず、「リアル」と思われている経済の世界の全般について、「幻想・観念と現実・実在の間に明確な線を引くことが困難」であるという根本的な議論を展開する。

たとえば株価や為替相場について、生産性、企業収益、利子率など経済の基礎的諸条件(ファンダメンタルズ)から理論的に計算される価格は「ファンダメンタルズ価格」と呼ばれており、一種の〝客観的〟な相場と考えられている。しかし西部は、ではこうした「ファンダメンタルズ価格」が確固たる「現実」かというとそうとは言えないとし、なぜならそうしたファンダメンタルズ価格の算定ベースとなっている企業収益や利子率の計算を可能とする「貨幣」そのものが、先の議論のようにすでに「仮想現実」であるからと論じるのである。

こうして彼は、「すべての基礎であるはずの貨幣自体が幻想であると同時に現実であるならば、バブルが幻想と現実の両側面を持つとしても、決して不思議なことではありません」と総括する。

これは突き詰めれば、〝人間の経済ないし貨幣現象はすべて一種のバブルである〟という把握に至るものだろう。言い換えれば、人間の経済とは、その基盤にある貨幣を含めて主観的な(共同)幻想ということになり、まさに序章で述べた〝脳が見る(共同の)夢〟になる。

ここで急いで付け加えると、西部は以上の議論を、現在の貨幣や資本主義システムを擁護するために行っているのではなく、むしろ先ほど言及したような「資本主義の自己矛盾」も指摘しながら、それを乗り越えていくための不可避の作業として行っているのである。

すなわち、現在のシステムを改変していくためには貨幣そのもののありようを変えていくことが原理的に必要であるとし、それを踏まえて「コミュニティ通貨」(ローカルな地域をベースとし、自立循環型の地域経済を確立するような、利子を生まない貨幣)などの提案を行っているのだ(これは本書の第Ⅲ部での「コミュニティ経済」の議論につながる)。

逆に言えば、経済についての以上のような認識を別の方向に展開し、〝バブルを含めて経済とは究極は仮想現実であり、したがって人々の「期待」や「観念」如何で経済は無限に拡大・成長していく〟という考えを採用すれば、アベノミクス的な方向はむしろ妥当であるということにもなるだろう。それはカーツワイル的な〝意識の無限化〟のビジョンと実質において共通する世界観である。

そして、実はアベノミクス(のようなインフレターゲットを伴う量的金融緩和策)の評価をめぐる賛否は、究極的にはいま論じているような「経済」や「貨幣」についての(それがどこまで〝主観的〟ないし〝可塑的〟であり、また「無限の拡大・成長」を可能とするものであるかをめぐる)原理的な理解の相違に行きつくのではないか。

私たちはこうしたテーマや今後のあるべき姿をどのように考えたらよいのか。

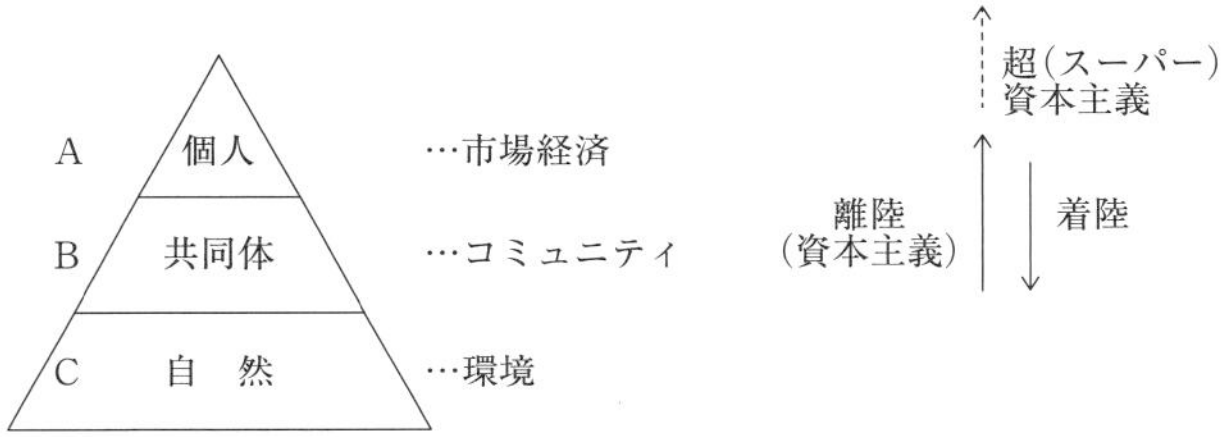


**図3・1**　個人―共同体―自然の関係

## コミュニティ・自然への着陸

ひとつのありうるビジョンとして、そのように市場経済を無限に〝離陸〟させていく方向ではなく、むしろそれを、その根底にある「コミュニティ」や「自然」という土台にもう一度つなぎ〝着陸〟させていくような経済社会のありようを私たちは志向し実現していくべきではないか。

**図3・1**をご覧いただきたい。これは人間社会と自然をめぐる全体的な構造をシンプルにまとめたものだが、一番上層の「個人」は、初めから独立して存在するものではなく、そのベースには共同体あるいはコミュニティが存在している。また、そうした共同体ないしコミュニティも〝真空〟の中に存在するものではなく、その基盤には「自然」の領域が存在し、そうした自然――それは食糧やエネルギーの源でもある――があってこそ共同体・コミュニティや個人は存続していくことができる。

こうした構造において、(1)「個人」の領域が、その自由な経済活動そして市場経済の拡大とともに、基盤である「共同体」から大きく独立して〝離陸〟していくとともに、(2)とりわけ工業化という社会変動およびそこでの産業テクノロジーの展開と自然資源の開発・搾取を通じ、「個人」(あるいは人間)の領域が「自然」の領域を強力にコントロールしながら、そこから切り離される形で〝離陸〟していった——というのが、ここまで見てきた一六世紀前後からの近代社会そして資本主義の歩みだったと言えるだろう。

つまり、第1章の終わりで行った整理ともつながるが、「共同体からの個人の独立」および「自然からの人間の独立」という、〝二重の離陸〟を通じて展開してきたのが「市場経済プラス拡大・成長」を基本的な原理とする資本主義の展開だった。

それは具体的には、①一六世紀前後の、イタリア都市国家などにおける海洋貿易の発展を前史とし(市場化)、②一六世紀前後のイギリスでのプロト工業化に萌芽的に見られ、とりわけ一八世紀後半以降の産業革命をへて本格化する工業化・産業化を中軸とし(産業化社会・前期)、③さらに二〇世紀後半のケインズ政策と高度大衆消費社会を通じて展開し(産業化社会・後期)、④八〇年代以降のアメリカ主導の金融自由化・グローバル化(その後のリーマン・ショックと金融危機)によってその極北に至るというような、一貫した「拡大・成長」のベクトルでもあった(再び**図2・2**参照)。

しかしそのような〝無限〟を志向する資本主義経済の歩みについて、それだけが自立して存続しうると考えるのは誤っているだろう。なぜなら**図3・1**で見たように、人間の経済はそのもっとも基盤に「自然」という有限な領域を持っており、その枠の中でこそ存続できるのだし、同時にそれは「コミュニティ」という基盤をもち、そこから市場経済がただ乖離していけば、その度合いに応じて様々な格差や分断が生まれ、それは結果として個人や人間にとっての土台そのものを浸食することになるからだ。

したがって、いま求められているのは、個人あるいは市場経済の領域を、そのベースにあるコミュニティや自然にもう一度つなぎ、着陸させていくような社会システムの構想に他ならないのではないか。私たちは本書の後半(第Ⅲ部)で、そうした社会の具体的なビジョンを、「緑の福祉国家／持続可能な福祉社会」といった視点にそくしながら考え提起していきたいと思う。

## 意識あるいは「思考する私」の根源へ

ところで先ほど、〝無限の電脳空間〟と一体となった金融資本主義と、ポスト・ヒューマン的な「意識の無限化」のビジョンの同型性について指摘した。後者にそくして述べると、いま述べた「市場経済をその土台にあるコミュニティや自然につないでいく」という方向は、「脳」をその土台にある「身体」に〝着陸〟させるような方向と言うこともできるだろう。

脳科学者のアントニオ・ダマシオは、著書『デカルトの誤り』において、デカルトの「われ思う、ゆえにわれあり」の言葉に象徴される近代的な自我観のように、自我や意識、思考といったものを、その基盤である身体性から切り離して自存するもののようにとらえる見方に根本的な異議を唱えている。ダマシオは、自己や意識の根底には、安定した有機体の内部環境から生まれる「原自己(protoself)」があるとし、それを抜きにして自己意識や思考、感情といったものを考えることはできないと論じる(ダマシオ(二〇一〇)、同(二〇一三)。なおこの話題に関し永沢(二〇一一)参照)。

実はこの議論は、人間社会に関する先ほどの**図3・1**の内容ともつながってくる。

つまり**図3・1**を、少し角度を変えて、いわば「私(自己)の重層構造」という視点でとらえ直してみよう。それぞれの層に対応しているのは、やや単純化して述べれば、

A　個人の次元：〝思考する私〟(＝反省的な自己ないし自我)

B　共同体の次元：〝コミュニティ的な存在としての私〟(＝他者との関係性における自己)

C　自然の次元：〝身体的な私〟(＝非反省的な自己ないし個体性)

と把握できるような、**「私」という存在の〝重層性〟**という理解となる(広井(一九九四)参照)。

ここまで見てきた資本主義や近代科学の世界観や歩みがそうだったように、近代以降の私たちは、Ａの次元をＢやＣから独立したものと見なし、よくも悪くもこの領域を肥大化させてきた。自己や自我にそくした議論で言うと、たとえば「独我論」という近代特有の考え方(他者の意識の存在は確証がなく、世界に存在するのは私の意識だけであるとする考え)は、以上の**Ａの領域(思考する私)が、Ｂ(コミュニティ)やＣ(自然)の次元から独立して存在できる**と考える点にその核心があると思われる。

そして、私の本質が〝思考する私〟にあるとすれば、しかもそれが他者との関係性や身体性を離れて独立に存在できるとすれば、私の記憶などとともに、それを「スキャン」してコンピューター上に再現するという発想は自然に生まれることになる。

こうして、高度に発達したＡＩや情報関連技術、生体工学等とともに、そうした個人の意識や思考、記憶、感情等をすべて「情報化」し、「**人間の脳を(ひいては人格を)アップロードする**」ことが可能になるとするのが他でもなくカーツワイルの議論だった(カーツワイル(二〇〇七))。それは〝無限の電脳空間〟とともに金融資本主義が無限に拡大しうると考える論者と同じように、「脳とコミュニティ・身体」あるいは「市場経済とコミュニティ・自然」の関係についての転倒した見方ではないか。

一方、〝貨幣や経済はすべて仮想現実〟という議論や、序章から提起している〝現実とは脳が見る(共同の)夢〟という把握は、人間の意識の共同(主観)性という点に関しては一定の真理を含むものだが、それはさらに根底にある「自然」あるいは「生命」の次元(**図3・1**でのCの次元)を看過しており、先ほどの「脳や意識が身体を離れて独立して存在する」という見方と同質の誤りを含んでいる。

こうして私たちは第Ⅰ部での議論を通じて、資本主義の現在までの歩みとその臨界点——地球レベルの資源・環境制約という〝外的な限界〟と需要の成熟・飽和という〝内的な限界〟——を確認し、そこでの矛盾を克服していくような社会構想の入り口に立つとともに、そうした構想が、科学や情報、生命等についての原理的な考察を不可避なものとして要請することに行き当たった。

そのような吟味を第Ⅱ部で行い、続く第Ⅲ部での新たな社会構想につなげていくことにしよう。

# 第Ⅱ部　科学・情報・生命

# 第4章　社会的関係性

第Ⅱ部においては、資本主義の進化をめぐる第Ⅰ部の議論を踏まえながら、資本主義／ポスト資本主義の行方を展望するにあたってその根底に位置すると思われる「科学」のあり方に焦点をあて、そこでの自然観、生命観あるいは価値原理について考察を行ってみたい。

問題の所在を具体的に見るため、議論の手がかりとして、まず医療ないし医学・生命科学(biomedical research)分野を中心とするアメリカの科学政策に注目し、そこでの課題を多面的に浮かび上がらせてみよう。

## アメリカの医学・生命科学研究政策

さて、図4・1はアメリカ連邦政府の研究開発予算の推移を見たものだが、二〇一五年度において一三四〇億ドルに上る巨額の研究開発予算のうち、半分以上(五一・九％)を国防(軍事)関連の研究開発が占めている。これは戦後アメリカの科学政策において一貫しているもので、

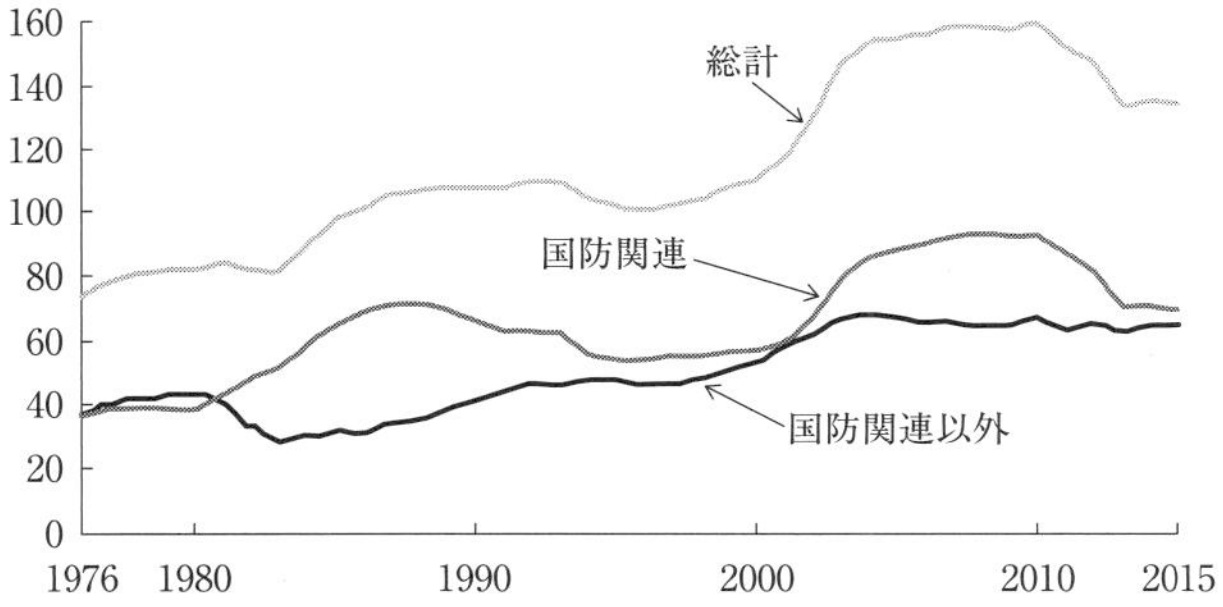


（出所）　AAAS（アメリカ科学振興協会〔American Association for the Advancements of Science〕）資料

**図 4・1**　アメリカ連邦政府の研究開発予算の年次推移（1976–2015 年度，10 億ドル〔実質〕）

冷戦状況の厳しかった一九五〇年代や、レーガン政権時代の八〇年代後半などはその割合が特に高かったが、基本的なパターンは現在も変わっていない。

そして、戦後アメリカの科学政策のもう一つの特徴は、軍事分野以外では、医療あるいは医学・生命科学研究分野に圧倒的な予算配分を行ってきたことである。

その象徴的存在が、他でもなく世界最大の医学・生命科学研究・助成機関といえるＮＩＨ（National Institutes of Health、国立保健研究所）だが、たとえば二〇一五年度の政府研究開発予算のうち、国防省予算を除く部分の四割以上（四四・九％）をＮＩＨの予算が占めており、さらに基礎研究のみに注目すれば、ＮＩＨは（軍事関連を含む）アメリカ政府の全研究開発予算の実に約半分（四九・八％）を占めている。

**図４・２**は国防関連以外の連邦政府研究開発予算の

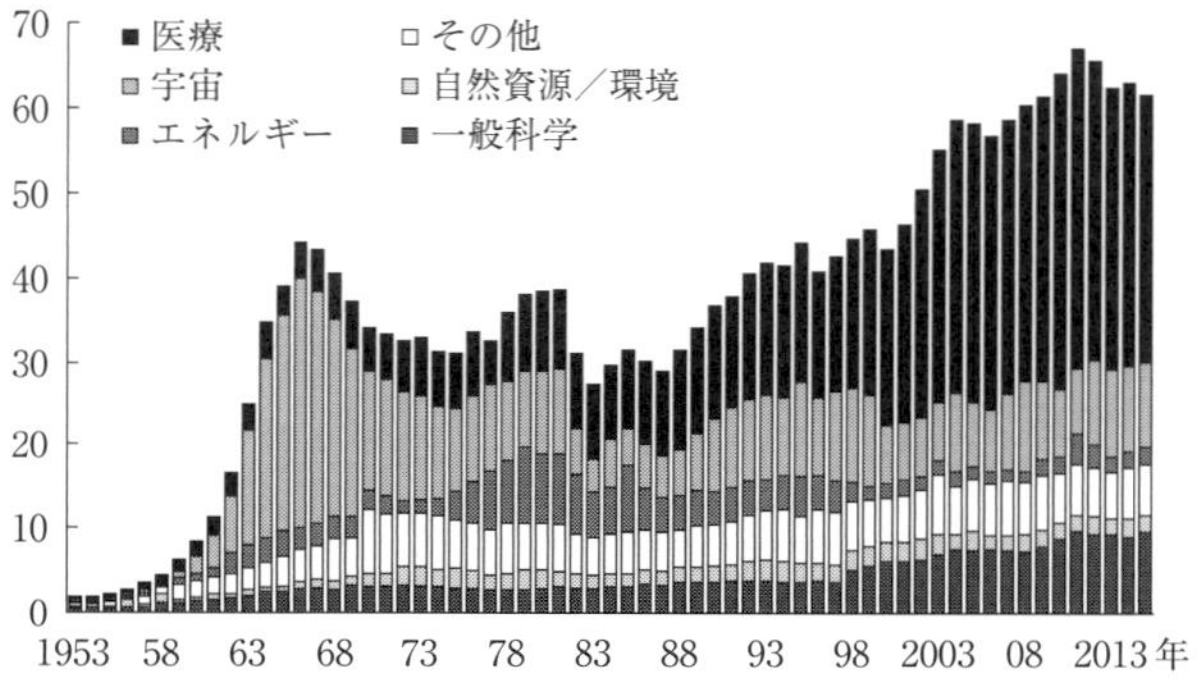


（出所） AAAS（アメリカ科学振興協会〔American Association for the Advancements of Science〕）資料

**図 4・2　アメリカ連邦政府の研究開発予算（国防関連以外）の分野別推移（1953–2015 年度，10 億ドル〔実質〕）**

分野別推移を示したものだが、医療分野の大きさと八〇年代以降の比重の増加が際立っているのがわかるだろう。いわば〝二つのＭ〟、つまり Military（軍事）と Medical（医療）の二者がアメリカの科学政策の中心的な柱になっているのである。

実は、このようにアメリカにおいて医療分野の科学研究予算が際立って大きい一つの背景としては、次に述べるように「公的医療保険」の整備という面での政府支出が非常に小さいという点も挙げられる。

この点を明らかにするため、ここでごく簡単にＮＩＨを中心とするアメリカの医学・生命科学研究政策の歩みを概観してみよう（この話題について詳しくは広井（一九九二））。

ＮＩＨが実質的に創設されたのは第二次大戦前

の一九三〇年で、一九三七年には国立がん研究所を傘下に収めていったが、しかしこの時期はなお比較的小規模のものにすぎなかった。ＮＩＨが大きく拡大するのは、言い換えればアメリカの医学・生命科学研究投資が飛躍的に拡大するのは、第二次大戦後のことである。

その一つの背景は、科学政策の分野ではよく知られた、当時のアメリカの科学技術政策顧問ヴァネバー・ブッシュによる報告書『科学　その終わりなきフロンティア(Science: the Endless Frontier)』とそれに基づく政策展開だった。一九四五年に出されたこの報告書は戦後アメリカの科学政策を大きく方向づける意味をもったが、その中でブッシュは「疾病に対する戦争(war against disease)」を科学政策の大きな柱として位置づけ、政府による医療分野での研究への支援が、アメリカ国民の健康水準の向上に大きく寄与することを訴えたのである。

## 研究支援と公的医療保険——医療における政府の役割とは

加えて、アメリカにおいて医療分野の科学研究予算が大きく拡大していったもう一つの背景として、次のような政策選択をめぐる展開があった。

それは、戦後まもないトルーマン政権の時代に「国民皆保険制度」創設の是非が大きな議論になった際、「医療分野において政府が果たすべき役割はそもそも何か」という点が基本的な争点となり、最終的に、〝医療分野において政府が主な役割を担うのはその研究支援(特に基礎研究)に関することであり、公的医療保険の整備など、そうした成果を個人が享受できるか否かについては、市場あるいは「私」の領域に委ねればよい〟という基本的な判断がなされたのである。

象徴的に言えば、アメリカにおいて〝世界最高の医学〟が研究・技術面において実現していくことを政府は積極的に支援するが、その成果が受けられるか否かは、それぞれの個人の自助努力(実質的には医療サービスの対価を支払う能力)に委ねられる、という考え方である。これは第Ⅰ部で述べた、二〇世紀後半における「科学国家」(アメリカ)と「福祉国家」(ヨーロッパ)の分岐という把握とそのまま重なっている。

ともあれ、この歴史的な選択もあって、これ以降NIHを中心にアメリカの医学・生命科学研究予算は飛躍的に増加していくことになった。一九四八年には新設の国立心臓研究所および国立歯科研究所を加えて拡大し、翌年にはさらに国立精神保健研究所が、続く一九五〇年には国立神経・視覚障害研究所が加わり、さらに以後ますます巨大化していった。こうした第二次大戦後の流れの中で、〝医学研究大国アメリカ〟が生まれることになったのである。

その後、一九六〇年代後半から八〇年代初め頃までの期間などNIHの研究予算の増加がやや鈍化する時期もあったが、八〇年代以降アメリカの医学・生命科学研究予算は再び大きな増加を始めることになる。二〇〇〇年代のブッシュ政権時代には(軍事関連と並んで)医学・生命科学研究分野の大幅な予算増が行われ、ＮＩＨの研究予算を〝倍増〟するという計画が実行された。オバマ政権では脳研究の重点プロジェクトが打ち上げられるなどしたが、いずれにしてもアメリカがＮＩＨを中心とする医療分野の研究開発政策をさらに強化していることは確かな事実である。

## 医療システムの全体的評価

アメリカの医学・生命科学研究政策の流れとその背景を概観したが、しかし医療のあり方を考えるにあたっては、こうした研究面だけに注目するのは一面的であり、システムの全体を視野に入れる必要がある。

**図4・3**は、主要先進諸国の医療費の規模と平均寿命を表したものである。これを見ると、アメリカは医療費の規模(対ＧＤＰ比)が先進諸国の中で突出して高く、しかしそれにもかかわらず、平均寿命は逆にもっとも低いという状況が示されている。つまり**アメリカは、研究費を含めて医療分野に莫大な資金を投入しているが、にもかかわらず、その成果ないしパフォーマ**

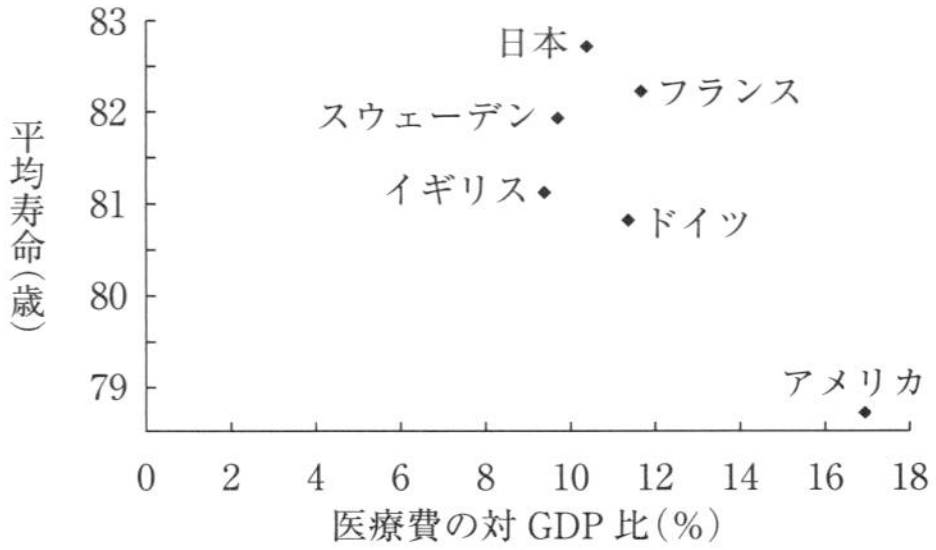


(注) 医療費の対GDP比：2012年．平均寿命：2011年．いずれもOECDデータ．

**図4・3** 医療費の対GDP比と平均寿命の関係(国際比較)

**ンスはむしろかなり見劣りのするものとなっている**のだ。

もちろん、ある国ないし社会の健康水準は無数の要因によって規定されるもので、それは食生活などの生活パターンに始まり、経済格差、犯罪率、公的医療保険の整備状況等、複雑な要因の結果として帰結するのであり、**図4・3**のようなグラフから一義的な結論が導き出せるものではない。

しかしながら、以上のような状況が示すのは、少なくとも〝研究開発や、ピンポイントの個別技術の向上を行うことが(あるいはそれらに優先的な予算・資源配分を行うことが)、病気の治療や健康水準を高めるもっとも有効な方策である〟とは必ずしも言えないという点だ。したがってこうしたテーマを考えていくにあたっては、狭い意味での科学・技術を超えた、医療保険制度などの社会システムを含む包括的な視点が求められる。

日本の昨今の状況に目を移すと、安倍政権以降、医療分野が「成長戦略」の重要な柱として位置づけられ、また〝日本版ＮＩＨ構想〟ということが言われるようになり、今年（二〇一五年）四月には日本版ＮＩＨたる「国立研究開発法人・日本医療研究開発機構（ＡＭＥＤ）」が発足することになった（ただし予算は一二五〇億円程度で、アメリカのＮＩＨが三兆円を超える規模の予算であるのとは比べものにならない）。

こうした方向に関して私が大いに懸念するのは、このような動きがいわゆるＴＰＰとも一体となり（医療保険分野の規制緩和や民間保険の参入拡大）、また安倍政権が積極的に進めようとしている「混合診療の拡大」（公的医療保険と私費医療の組み合わせの診療形態の拡大）とも連動し、かつ上記の「成長戦略」における〝医療産業の拡大・成長〟という発想とも結びついて展開していくことのもたらすマイナスの帰結である。既にアメリカの現状がそうであるように、私費医療の拡大と医療費の高騰、医療における格差拡大と階層化、平均寿命ないし健康水準の劣化など、いわばアメリカの医療システムの〝悪いとこ取り〟とも言うべき事態が進んでいくことが強く危惧される。

いずれにしても、医療や健康をめぐるテーマを考えるにあたっては、研究面あるいは〝技術政策〟だけを切り離して議論してはいけないのであり、それは社会システム全体との関わりにおいて把握され構想される必要がある。

## 「社会的関係性」への注目

そして以上に述べた点、つまり医療や健康をめぐるテーマを考えていくにあたり、様々な「社会的(ソーシャル)」な要素や側面が重要になってくるという点は、医学や科学のあり方そのものにも関わってくるものである。

基本的な確認を行うと、そもそも現在の医学は、第2章でもふれた一七世紀の「科学革命」に起源を有するものであり、そのパラダイム(考え方の枠組み)の中心にあるのは、一九世紀に成立した「特定病因論」という考え方である。

これは「一つの病気には一つの原因物質が対応しており、その原因物質を同定し、それを除去すれば病気は治療される」という病気観で、①基本的に個人の身体内部の物理化学的関係によって病気のメカニズムが説明されると考えること、また②「原因物質→病気」という比較的単線的な因果関係が想定されていることに特徴がある。こうした特定病因論の考え方が、感染症や外傷等の治療においては絶大ともいえる効果を上げてきたことは確かな事実である。

ところが現在はどうか。「現代の病」という表現があるが、うつなどの精神疾患を含め、慢性疾患等への疾病構造の変化の中で、こうした「特定病因論」のみでは解決が困難な病気がむしろ一般的になっている。

こうした状況においては、病は身体内部の要因のみならず、ストレスなど心理的要因、労働時間やコミュニティとの関わりなど社会的要因、貧困・格差など経済的要因、自然との関わりを含む環境的要因など、無数ともいえる要因が複雑に絡み合った帰結としての心身の状態として生じるという視点がきわめて重要になってくる。そして実際、近年発展している社会疫学(social epidemiology)と呼ばれる分野は、「健康の社会的決定要因(social determinants of health)」という基本コンセプトに象徴されるように、まさにそうした病気や健康をめぐる「社会的」な要因に注目し、対応や政策のあり方を含む研究や分析を行っている。

たとえばこの分野での代表的な研究者の一人であるウィルキンソンは、著書『格差社会の衝撃』の中で、肥満などかつて贅沢病とされたものの社会的分布が逆転し貧困層の病気となっていること、ニューヨーク市のハーレムでの死亡率はバングラデシュのそれよりも高いこと等の事実を指摘しながら、所得格差と人々の社会的関係の質、そして心理社会的要因を介した健康との関わりの全体を明らかにしようとしている(ウィルキンソン(二〇〇九)。なお社会疫学に関して近藤(二〇〇五)参照)。

## 関係性をめぐる諸科学の展開

そして私がここで注目したいのは、このように、**「個人」あるいは個体というものを単に独立した存在としてとらえず、他者との相互作用を含む社会的(ソーシャル)な関係性の中でとらえたり、あるいは他者との協調行動や共感、利他的行動といったものに焦点を当てるような研究が、近年、文・理を含む様々な学問分野で〝百花繚乱〟のように生成し発展している**という点だ。

それは例えば、

①上記のように健康や病気に影響を及ぼす社会的要因に関する「社会疫学」の分野

②本書の序章でふれた「ソーシャル・ブレイン(社会脳)」や、いわゆる「ミラーニューロン(他者の痛みを自己の痛みとして認識するような機構に関わるニューロン等の研究)」などに見られるような脳研究の一部

③人と人との信頼やコミュニティないし関係性の質に関するいわゆる「ソーシャル・キャピタル(社会関係資本)」論

④人間の利他的行動や協調行動に関する進化生物学的研究

⑤経済学と心理学ないし脳研究が結びついたいわゆる行動経済学ないし神経経済学の一部

（この中には、愛情に関する脳内化学物質とされるオキシトシンについての神経経済学者ポール・ザックの研究なども含まれる）

⑥経済発展との関係を含む、人間の幸福感やその規定要因に関する「幸福研究」等々の展開である（これらにつきドゥ・ヴァール（二〇一〇）、ガザニガ（二〇一〇）、パットナム（二〇〇六）、内田（二〇〇七）、友野（二〇〇六）、Bowles and Gintis (2011) 参照）。

第Ⅰ部でも論じたように、もともと近代科学は「独立した個人」というものを基本に置き、また（経済学などでは）そうした個人は〝利潤の極大化〟を追求するという個体中心のモデルが想定された。以上のように個人ないし個体間の「関係性」や協調行動、利他性等に注目する近年の諸科学の展開は、そうした近代科学のパラダイムとは異質な要素を含む、科学の新たな方向性を示すものととらえることもできるだろう。

## 科学の変容の背景にあるもの

ただし、以上のような現代の諸科学の新たな方向性自体に私自身は共感する一方で、さらにメタレベルからの、いわば少し〝引いた〟見方が重要ではないかと考えている。

たとえば先の⑤で例示しているように、アメリカの神経経済学者のポール・ザックは、オキシトシンという脳内化学物質――母親が母乳を子に与える時などに分泌され、愛情に関係するとされる物質――に注目し(まさに“chemistry of love”)、そこから人間にとっての愛情行動や利他的行動の重要性を論じ、最近では『経済は「競争」では繁栄しない』(原題はずばり *The Moral Molecule*、道徳性の分子)といった著作も出している。

そうした主張の方向自体は肯定的にとらえられるものの、しかし(第Ⅲ部で論じるように)極端に貧富の格差が拡大し、人口当たりの刑務所収容人口が突出して多く、ほぼ純粋な資本主義が支配すると言えるようなアメリカにおいて、こうした主張が出てくることの矛盾あるいは皮肉というものをより強く感じざるを得ない。

また現状や対応の方策を脳内物質で説明するという、その世界観自体がアメリカ的であり、それは一歩間違えると、“愛情や道徳性のもととなる化学物質を注入して人間を現在よりも利他的に改造しコントロールしていく”といった、ポスト・ヒューマン論的な方向に重なっていく可能性は十分にあるだろう(実際、「はじめに」でもふれたブッシュ政権時代の生命倫理評議会が取り上げた精神医療における「気分明朗剤」と、上記の脳内物質の議論は連続的である)。

大きく見るならば、人間という生き物は、(近代科学や新古典派経済学が想定してきたように)もっぱら利己的ないし“利潤極大化”志向というわけでもなく、かといって純粋に利他的ないし協調的でもなく、個人差はありつつも、その両面をグラデーション的にもった存在というべきだろう。それは人間のこれまでの歴史全体に示されているともいえる（この話題については広井〔二〇一一〕参照）。

そうした人間の両義性あるいは全体性について、その一方のみに注目して〝人間は本来〇〇だから、〇〇という処方箋が正しい〟と主張するのは一面的に過ぎるのではないか。しかし現実には、科学、学問あるいは広く人間の知というものは、その時代ごとに、そうしたある一つの側面のみを強調してきた傾向が強かった。ここでの例で言えば、近代科学の枠組みないしパラダイムでは「個人」の独立性や利潤極大化といったことがモデルとされ、近年ではある意味でその正反対の方向の人間理解が強調されるようになっている。

## 「知」についてのエコロジカルな理解

近年の諸科学の新たな方向について、先ほど「少し〝引いた〟見方」と述べたのは、この点に関わっている。すなわち、**関係性や人間の協調性等への注目といった点自体を含めて、そうした科学や知のあり方（ひいてはそこで提示される人間観や自然観等々）の全体が、その時代の経済社会の構造変化や環境等によって大きく規定されているのではないか、**というのがここでのポイントである。

これは言葉として表せば、人間の「知」についての「エコロジカル」な把握ないし理解と呼ぶことができる(史的唯物論とエコロジーの関係に関する廣松(一九九一)参照)。

この視点は、実は本書のこれまでの議論と様々なレベルで関係してくる。たとえば第Ⅰ部で見たように、一八世紀初めにオランダ出身の思想家マンデヴィルは、著書の中で「私的な悪が公的な利益につながる」という、〝常識破壊的〟な議論を行った。あらためてその趣旨を確認すると、それまでは節約が美徳とされていたが、皆が節約をしてしまっては経済は発展しないのであり、むしろ積極的に浪費あるいは消費拡大に励むことが(経済全体のパイの拡大を通じて)人々に恩恵をもたらす善であるという論理である。

マンデヴィルの生きた時代とは、他でもなくヨーロッパが世界に植民地を広げていった時期であり、つまり人間の経済活動が従来の資源的制約を超えて半ば無限に拡大しうるという状況が現出していた時代であった。私利の追求が善であるという(資本主義の精神ともいえる)思想はこうした時代の状況と不即不離のものだった。

また序章において、紀元前五世紀前後の枢軸時代に生成した普遍思想に言及した際、当時進みつつあった森林破壊や土壌浸食など、農耕文明が資源的・環境的限界に直面していたこととの関連を指摘したが、これもまた、新たな倫理や思想、観念といったものは、〝真空〟の状態から生まれるのではなく、むしろその時代の歴史的状況や経済構造、あるいは風土的環境等を基盤として、それらと不可分のものとして生成するという理解だった。

このように考えていくと、**およそ人間の観念、思想、倫理、価値原理といったものは、究極的には、ある時代状況における人間の「生存」を保障するための〝手段〟として生成するのではないか**、という発想が浮かび上がってくる。「知についてのエコロジカルな理解」とはこうした意味である。

逆に見れば、先ほど見たように近年の諸科学において、**人間の利他性や協調行動等が強調されるようになっているのは、そのような方向に行動や価値の力点を変容させていかなければ人間の存続が危ういという状況に、現在の経済社会がなりつつある**ことの反映とも言えるだろう。

そしてそれは、本書の主題であるポスト資本主義あるいは「拡大・成長から定常への移行」という時代状況と呼応している。「ポスト資本主義／ポスト成長」という時代状況に適応した科学や知、価値原理が求められているのである。

## 情報／コミュニティから生命へ

話題を再び「社会的関係性」というテーマに戻すと、ここまでの議論の流れをひとまずまとめると、**図4・4**のような構造が浮かび上がってくる。

つまり先ほども論じたように、近代科学は(他者や自然に対して)「独立した個人」というものを前提に立て、そうした客観的な観察者の視点から自然あるいは世界を外在的に把握しようとしてきた。第Ⅰ部でも見たように、一七世紀の科学革命以降、物理的世界の理解にあたってまず「物質」や「力」といった概念が立てられ、やがて工業化という状況において対象が熱現象や電磁気等に及ぶ中で一九世紀には「エネルギー」概念も導入されたが、さらに探究が生命現象の解明に及ぶ中で、あるいは情報をめぐる理論や技術が発展する中で、「情報」が重要な概念として導入され展開していくことになった。

この場合、「情報」という概念は「コミュニティ」という概念と深く関連しており、つまり情報というコンセプトは複数の主体の間での「意味」の認識と共有、そしてその伝達ないしコミュニケーションということと不可分であることに注意する必要がある。

そして本章の中で、近年の諸科学が、個人を単に独立した存在としてのみとらえるのではなく、他者との関係性や相互作用、利他性や個人間の協調行動等に注目する方向で新たに展開していると論じたのだが、「情報」を含めてこうした科学の流れは、**図4・4**のピラミッドにおいて、**近代科学が上層の「個人」のレベルから、その視点や関心を中層のレベル(情報やコミュニティ、個体間の関係性に関するレベル)にシフトさせてきた**ととらえることができるだろう。

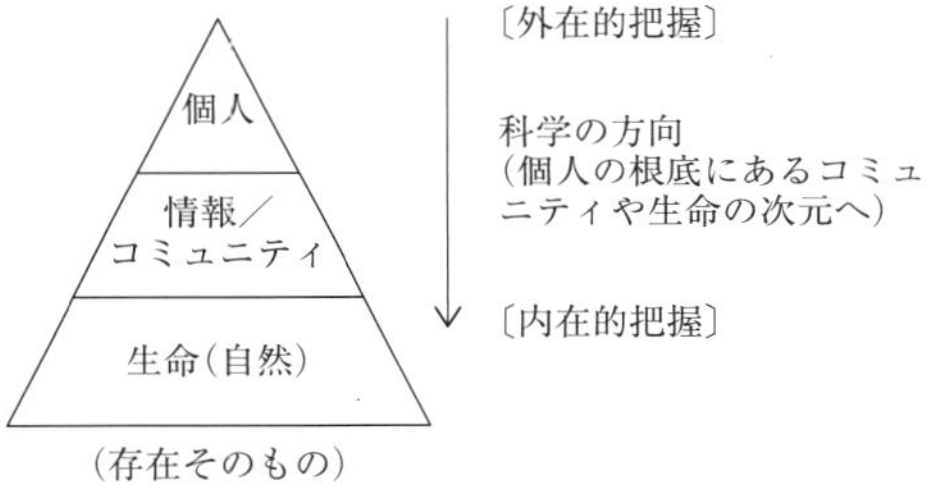


**図4・4**　近代科学をめぐる構造と変容

しかし探究はここでは終わらない。上記の「物質」ないし「力」→「エネルギー」→「情報」という流れにそくして言えば、第3章で「ポスト情報化」というテーマに言及したように、「情報」概念ではなお十分に解明できない、さらにその根底にある「生命や自然の内発性」といった領域(**図4・4**の土台の部分)に探究が進みつつあるのが現在である(ちなみに**図4・4**は、第3章で資本主義／ポスト資本主義の今後について論じた際に援用した**図3・1**と実質的に呼応する内容となっており、経済社会のありようと、科学の展望とはこうした点でもパラレルな関係にあると言える)。

このような理解を踏まえ、次章では、もっとも根底にある生命や自然の次元に関心を向けながら、科学の今後とそこでの自然観、生命観の方向について考えてみたい。

# 第５章　自然の内発性

資本主義／ポスト資本主義という主題を軸とするこれからの社会の構想にあたって、科学や技術のありようがその核あるいは根底に位置していることは確かだろう。また日本の文脈にそくして言えば、「３・11以降」という時代状況のもとで、原発やエネルギー政策をめぐる議論を含め、この話題は同時代的なリアリティをもっている。

そしてこのようなテーマを考えるにあたっては、どうしても近代科学における自然観や生命観といった根底的な次元にまでさかのぼった思考が不可避となる。本章では、考察をかなり深いレベルまで進めていくことになるが、前章の議論も受けながらこうした話題について掘り下げていきたい。

## 世界の全体をどう理解するか――非生命―生命―人間

ここでまず、近代科学の基盤をなす自然観・生命観をめぐる大きな展望を得るために、〝こ

表5・1　世界の理解に関する4つの立場――「非生命―生命―人間」の境界をめぐって

| 立　場 | 内　容 | 例 |
|---|---|---|
| A すべて機械論的 | 物理的現象―生命現象―人間について，機械論的原理によって統一的に把握することができる | • 近代科学全般<br>• ニュートン(ただし「力」概念の多義性)<br>• ダーウィニズム |
| B 人間以外／人間で境界 | 人間と人間以外の存在との間に本質的な境界が存在する(特に「精神と物質」の不連続性) | • ユダヤ＝キリスト教的世界観<br>• デカルト(精神／物質) |
| C 非生命／生命で境界 | 非生命現象と生命現象との間に本質的な原理の相違が存在する | • ドリーシュ(「エンテレヒー」)<br>• シュレディンガー(負のエントロピー) |
| D すべて連続的 | 物理的現象―生命現象―人間の全体を貫く形成原理が存在する | • プリゴジン(非平衡熱力学)〜開放定常系<br>• 生命の自己組織性<br>• ヘッケルやオストヴァルト<br>• アニミズム |

の世界に生起する様々な現象をどのような枠組みでとらえるか〟という点に関する複数の考え方ないし立場を、**表5・1**のように区分して整理してみよう。それは言い換えれば、世界における「物理的現象―生命現象―人間」の全体をどうとらえるか、という問いに関する視座とも呼べるものである。

### 機械論とニュートンの「力」

それぞれを簡潔に説明すると、まずAの立場は、物体の運動や熱、電磁気などの物理的現象や生命現象、ひいては人間の精神活動を含めて、すべて統一的に「機械論的」な把握が可能とする立場で、他ならぬ「(西欧)近代科学」の基本的な了解と呼べるものである(なお、「機械論的」という言葉ないし概念の意味は必ずしも自明ではなく、後にあらためて吟味したい)。

しかしながら、このAの立場も、よくよく精査していくと、その自然観ないし世界観は通常思われるほどには単純ではない。

一例を挙げると、機械論的な自然観の代表と考えられているニュートンの力学体系において、その根幹を支えているのは「力」という概念だが、そうした力の代表格である万有引力は、〝どれだけ離れている物体の間にも働き合う〟と想定されているもので、ある意味で不可知な存在であり、それは文字通り〝万物に力が宿っている〟という、ある種の「アニミズム」的な自然観と呼ばれてもおかしくない側面をもっている。

興味深いことに、実はニュートン自身そのことはよく自覚しており、彼はたとえば『光学』の中で「したがって自然界には物体の諸粒子をきわめて強大な引力によって結合させうる能動者が存在する。そしてそれらを見いだすことが実験哲学の任務である」と書いているのだ。ここでニュートンが記す「能動者」とは、もちろんキリスト教の神のことである。

またこうした点に関し、科学史家のアレクサンドル・コイレは「たとえば引力は、ニュートンにとっては純粋な機械論の不十分性の証拠であり、より高次の非機械的な力能の存在の証明であり、世界における神の臨在と作用の顕現であった」と述べている(コイレ(一九七三)、傍点引用者)。

科学史の領域では、ニュートンが錬金術や神学の研究に没頭していたことはよく知られている事実であり、また、ニュートンに限らず一七世紀の科学革命を支えた人物の多くが熱心なキリスト教の信仰者であり、むしろそのこと自体が科学的探究の本質的な動機づけになっていたことは様々な形で論じられてきた(たとえばWestfall(1973))。

そうした点も踏まえつつ、さしあたりここでは、一見純粋に〝機械論〟的に見えるニュートンの古典力学的世界像を支える「力」について、彼自身はそれをキリスト教の神と結びつけて理解していたということ、また解釈の方向によっては、それをアニミズム的に理解すること(あるいはそれ以外の何らかの世界観や信仰と結びつけてとらえること)も同等に可能であることを指摘しておきたいと思う。

### 人間と人間以外または「精神と物質」

次のBの立場は、「人間」と「人間以外(の生物や自然)」との間に本質的な境界線があると考えるものである。

ある意味でこれは、従来も様々な形で論じられてきたように、ユダヤ＝キリスト教的な世界観に象徴されるものであり、またそれを一つの大きな基盤ないし柱とする近代科学にも特徴的なものであるとさしあたり言うことができる。

重要なのは、この見解に立つならば、「人間と人間以外」の間にもっとも重要な境界線が引かれることになるので、この後に述べるCの立場のような「生命と非生命」との間には本質的な差異はないとされ、むしろそこは連続的に把握されるという点だ。つまり言い換えれば、動物は〝機械〟と同じように理解できるという世界観である。

おもしろいことに、近代科学あるいはそこでの機械論的自然観の代表的存在の一人とされるデカルトは、まさにそうしたテーマについて論じている。

デカルトは次のような問いを立てる。「猿の、あるいは他の理性を持たぬ動物の、器官なり外形をそなえたような機械があるとして、そのような機械がそれらの動物と同じ性質のものではないと認める方法は、本来ありえない」が、「私どもの身体に似ていて、私どもの行為を実際にはできるかぎり模倣する機械があったとして、にもかかわらずそれが本物の人間でないということを知る」方法がありうるか？　つまりデカルトはここで、「動物と機械」の間に本質的な相違はないとした上で、では「人間と機械」についてはどうか、と問うているのである。

あたかもそれは、地球を脱出したアンドロイドが再び攻撃してくるのを阻止する使命を担い、アンドロイドと本物の人間を区別する方法について悩む映画『ブレードランナー』(原作は本書の「はじめに」でも言及したフィリップ・ディックのSF小説『アンドロイドは電気羊の夢を見るか?』)の主人公の問いと似ている。

この問いに対するデカルトの答えは、人間と機械には本質的な相違があるというものだが、その相違を見分ける「きわめて確実な二つの方法」があると彼は論じる。それは第一に言語、第二に内心の意思の存在であり、これによってデカルトは彼が想像する〝人間機械〟——ある種のアンドロイド——と人間との間の一線を画するが、これはそのまま「人間と動物」との間の絶対的な区別とも重なる(デカルト(一九五三))。

そしてそうした「人間と他の存在」の間の境界線は、そのまま「精神と物質」とも言い換えられるものとなる。すなわちデカルトは『方法序説』のこの部分を次のように結論づけている。

「……人間と動物がどれくらい違うものであるかを知るとき、私どもの精神が身体から全く独立した本性に属するものであること、したがって身体とともに死滅すべきものでないことを立証する理由を一層よく了解し、……ひとはここからして当然にも、精神は不滅であると判断することになる」(同)

こうしたデカルト的世界観は、ここで整理しているBの立場(人間と人間以外との間に本質的な境界線を引く)の代表的な見解と言えるだろう。

## 非生命と生命——エンテレヒーと負のエントロピー

以上のように「人間と人間以外」に境界線を引く立場に対し、続くCの立場は、世界に生起する現象のうち、非生命と生命との間に本質的な境界線を引き、後者(生命)は前者に〝還元〟できない固有の特質をもつとする考え方である。

たとえば〝新生気論者〟として知られるドイツの生物学者ハンス・ドリーシュ(一八六七—一九四一)の自然観はこれに該当すると言えるだろう。ドリーシュは生命現象に固有の「エンテレヒー」という概念を唱え、それは(アリストテレスの「エンテレケイア(目的因)」に由来する造語で)生物の〝目的性〟に注目するものだが、ここでは、

- 生命以外の自然現象……因果論的把握が可能
- 生命……因果論的把握に還元できない〝目的性〟をもつ

という形で、因果論的決定か非決定かという相違が、生命と非生命を分かつ本質的な分水嶺と考えられているのである。

ドリーシュの「エンテレヒー」概念は生命科学の中では異端的とされ忘れられていったのだが、しかし上記のように、生命と非生命の間にある種の不連続が存在し、生命現象は非生命とは異なる何らかの固有の原理によって動いているという見方は、必ずしも珍しいものではない。

その象徴的な例として、物理学者シュレディンガーが著書『生命とは何か』(一九四四年)で展開した、比較的よく知られた次のような議論がある。彼の議論のポイントは〝生物は負のエントロピー(ネゲントロピー)を食べて生きている〟というものだが、もともとエントロピーとは、大きく言えば様々な現象の〝無秩序さ〟の度合いを指すもので、世界あるいは宇宙は放っておけばすべて無秩序さが増大する方向に向かっていくのであり、それがすなわち「エントロピー増大の法則」(=熱力学の第二法則)とされるのだった。

しかしながら、生命はそうしたエントロピーの増大則に〝逆らって〟存在するものであり、つまり「無秩序から秩序を生み出している」のが生命現象の本質であって、それをシュレディンガーは比喩的に〝生物は負のエントロピー(ネゲントロピー)を食べて生きている〟と論じた。

これは熱力学という、それ自体は非生命的な現象を扱うために展開してきた分野における概念を使って「生命」現象を解明していく一つのアプローチを示したものであり、そうであるがゆえに、二〇世紀後半における生命現象に関する分子生物学的な探求の展開を後押しするような影響をもったとされるわけだが、しかしその実質に着目すれば、非生命と生命との間にまったく異なる原理が働いていると考える点において、実は先ほどのドリーシュ的な世界観とも共通すると言えるだろう。

## 自己組織性または生命／自然の内発性

最後にＤだが、これは非生命―生命―人間をすべて連続的なものととらえ、その限りにおいてそれら全体を含んだある種の統一的な自然観ないし世界観をもつものである。

自然科学の領域でのこうした立場の重要な例として、ベルギーの化学者イリヤ・プリゴジンの非平衡熱力学に関する議論をまず挙げることができる。

要点を簡潔に確認すると、プリゴジンは、平衡状態から離れた不安定な（非平衡の）系において、一定の条件のもとである種の秩序的なパターンが自然の中で生じることに注目し、これを散逸構造と名付けて分析した（一九七七年にノーベル化学賞受賞）。「自己組織化」の現象とも呼ばれるものだが、これは、自然現象は放っておけば（エントロピー増大則のもとで）ただ「無秩序」が増えていくだけとする従来の理解とは異なる自然観と言えるだろう。つまりそれは「非生命」の領域においても〝混沌から秩序〟が生成することを見出すものであり、先ほどの

Cのように「生命―非生命」の間に明確な一線を引く見方とは異なる世界観である。

実際、プリゴジンが著書『混沌からの秩序』の中で繰り返し論じているのも、自然をそのように理解することで、近代科学の枠組みで生じてしまう「人間と自然」の間の分断に何とか橋渡しをしていこうというモチーフだった(プリゴジン他(一九八七))。

それは、**自然そのものの中に秩序形成に向けたポテンシャルが内在しており、それが展開していく中で生命、人間(ないし精神)といった存在が生成していった**ととらえる、いわば一元論的な世界像とも言える。

いま〝秩序形成に向けたポテンシャル〟が自然に内在していると述べたが、この意味では、それは「現代科学によって精緻化されたアニミズム的自然観」あるいはアニミズムの現代的復権という側面を、確かにもっているだろう。

ちなみにこうした点に関して、哲学者の大森荘蔵は、近代以前の世界観を「略画的世界観」、近代科学の世界観を「密画的世界観」と大まかに区分したうえで、前者の復権は必ずしも後者の破壊には直結しないとしつつ、近代科学と「活自然」との共生、あるいは空や庭を「有情のもの」とする自然観の回復について論じている(大森(一九八五))。また科学史家の伊東俊太郎は、各文化圏の「自然」概念の比較を踏まえながら〝自己形成的な自然〟という自然観の重要性を強調している(伊東(一九八五)、同(二〇一三)参照)。

## 機械論とアニミズムの接点――一元論的世界像

以上、「世界の全体をどう理解するか」という主題にそくして、それをAからDの立場に区分して概観したが、そこからどのようなことが見えてくるだろうか。

まず気づくのは、近代科学が出発点としたAのような機械論的自然観と、自然の自己組織性という点を重視し、〝アニミズムの現代的復権〟とも呼べるような性格をもつDのような立場は、ある面では対極的といえる性格をもちつつも、実は意外な類似性をもっているという点だ。類似性とは、一言でいえば世界、あるいは自然や人間を含む〝森羅万象〟についての「一元論的」な見方という点である。

ニュートン的な自然理解では、この世界のすべての現象は、機械論的あるいは力学的な物理法則によってすべて把握することができる。ただし、既に見たようにその背後にはすべての駆動因としての「神」が想定されていた。

他方、プリゴジンに象徴されるような近年の自然科学の展開は、むしろ自然そのものの中に、一定の秩序を生み出していく(自己組織的な)力ないしポテンシャルが内在しているという自然観に至りつつある。

つまり、**世界あるいは自然の〝究極的な駆動因〟とも呼べるものを、ニュートン的な世界像では自然の「外部」に、プリゴジン的な世界像(やアニミズム的な了解)では自然の「内部」に見出すわけだが、しかし非生命や生命そして人間を含むすべてを一元的に把握するという点において両者は共通している。**言い換えれば、「人間と人間以外」の間に切断線を引いたり(Bの場合)、「生命と非生命」を絶対的に区分したり(Cの場合)するといったことをしないのである。

以上の点は、次のような展開の帰結としてとらえることも可能だろう。

すなわち、近代科学のプログラムは、自然あるいは世界のあらゆる現象を機械論的に、つまり非生命的な(物理化学的な)現象として把握することを目指して出発した(生命現象固有のドリーシュの「エンテレヒー」のような概念も否定された)。

それはまた、自然ないし森羅万象が〝生きている〟ととらえるようなアニミズム的な世界観とは対極にあるものであったが、しかし探求が進むにつれ、生命と非生命との間に絶対的な境界線は引けず、むしろ両者に一貫する秩序形成の原理が存在することが次第に明らかになり(プリゴジンの非平衡熱力学など)、また人間やその精神についてもそうした自己組織化の一環として把握されていくと、その帰結として、ある意味で〝すべてを機械論的ないし非生命的な現象として把握する〟ことが実質的に可能となってくる。

しかしながら、思えば「生命」という概念は「非生命」という概念との対照によってこそ成り立つものだから、〝すべては非生命的な現象として把握できる〟といった途端に、それは逆説的にも〝すべては生命的な現象である〟と言っているのと変わりないことになってしまうのである。言い換えると、それは「生命―非生命」や「人間(ないし精神)―人間以外」といった二元論的な見方ではなく、一元論的な見方であるから、その限りにおいて機械論とアニミズムとはある意味で区別がつかなくなる。〝機械論ですべてを説明しようとしていったら、人間と人間以外、あるいは生命と非生命の境界線がなくなり、新しいアニミズムに回帰していく〟というのが現代の科学において生じつつある状況ではないだろうか。

## 近代科学の二つの軸

以上行ってきた議論を、近代科学の成立をめぐる歴史的展開の中でとらえ直してみるとどうなるだろうか。

第2章で言及した話題に再び立ち返ることになるが、およそ近代科学――一七世紀のいわゆる科学革命を通じてヨーロッパで生成した科学のあり方――については、その本質的な特質として、次の二つの柱が確認できるだろう。

（1）「法則」の追求――背景としての「自然支配」ないし「人間と自然の切断」

（2）帰納的な合理性（ないし要素還元主義）――背景としての「共同体からの個人の独立」

このうち（1）は、自然現象の中に何らかの（因果的な）法則 law を見出していくという態度を指すが、こうした姿勢が、ユダヤ＝キリスト教的な自然観と深い関わりをもつという点は、科学史の領域において以前からしばしば指摘されてきたことである。たとえばイギリスの著名な科学史家のルパート・ホールは次のように述べている。

「この〝自然の法則〟(laws of nature) という観念は、古代ギリシャにおいてもまた極東においても見られなかった発想であり、それは中世ヨーロッパに特有の宗教的、哲学的、そして法学的な概念の相互作用から生まれ出たものである。この〝自然の法則〟という考えは、明らかに社会的・道徳的な意味における〝自然法〟(natural law) という考え――これは中世の法律家がよく使った概念である――と結びついており、このような考えはギリシャ的な自然に対する態度からは大きく異なるものである。このような形で〝法則〟という言葉を使うのは、古代ギリシャの人々は理解しなかったであろう。それは、ユダヤ＝キリスト教的な、神が世界を創造し

かつそれに〝法則〟を設定する、という発想にこそ由来するものなのである。」(Hall(1983)、傍点引用者)

そして、こうした「自然の法則」の追求という姿勢の背景には、(神―人間―自然というヒエラルキー的な秩序を前提に)自然と人間との間に明確な切断線を引き、自然は人間によって支配ないしコントロールされるべきものであるという自然観が存在していると考えることができる。

他方、先ほど近代科学の特質のもう一つの柱として指摘した(2)の「帰納的な合理性」については、それは歴史的には古代ギリシャ的な思考様式に淵源するととらえられるだろう。

つまりギリシャの場合、その地中海的な恵まれた風土的環境という背景のもと、ユダヤ＝キリスト教の土壌となったような「(支配されるべき)敵対的な自然」という観念は薄く、他方、ポリス的な市民社会の展開に示されるように、そこでは近代民主主義の萌芽的形態と言えるような、共同体から一定の独立性をもった「個人」という観念が生成した。

このことは科学のありようや自然観にそくして見た場合、特定の共同体のみで通用するような神話的・伝統的な説明の様式は退けられ、都市において様々なバックグラウンドをもつ多様な個人が対話を通じて納得しうるようなものとして、経験的ないし実証的な合理性が重視されるに至ったわけであり、それが古代ギリシャにおける科学の基盤をなしたのである。

なお、こうした思考の様式は、自然観の内容としてはいわゆる要素還元主義的な把握になじみやすいと言えるだろう。「共同体からの個人の独立」という点から、自然や社会における諸現象をその要素(ないし個体)の集合体として把握するという発想が導かれやすいからである。

そして近代科学は、そのエッセンスをもっとも純化して抽出するならば、以上の二つの要素、つまり(1)「法則」の追求、及び(2)帰納的な合理性の二者を、それぞれユダヤ＝キリスト教的な伝統そしてギリシャ的な思考様式から受け継ぎ、かつ統合する形で成立したと言えると思われる。

しかもこれらのことは、本章で論じてきた機械論的自然観ないし生命観という話題とそのまま重なっている。つまり、あるものを〝機械〟に等しいという時、そこには実質的に次の二つの要素があるだろう。

ひとつはそれが合理的、客観的な存在であり、中立的な観察者の目でアプローチ可能なものであるという点である。いまひとつは、それが何ものかによって〝製作〟されたものであり、かつ〝制御(コントロール)〟あるいは支配可能な存在であるという点である。近代科学は、自然や生命に対する前者の態度をギリシャから、後者の態度をユダヤ＝キリスト教の伝統から受

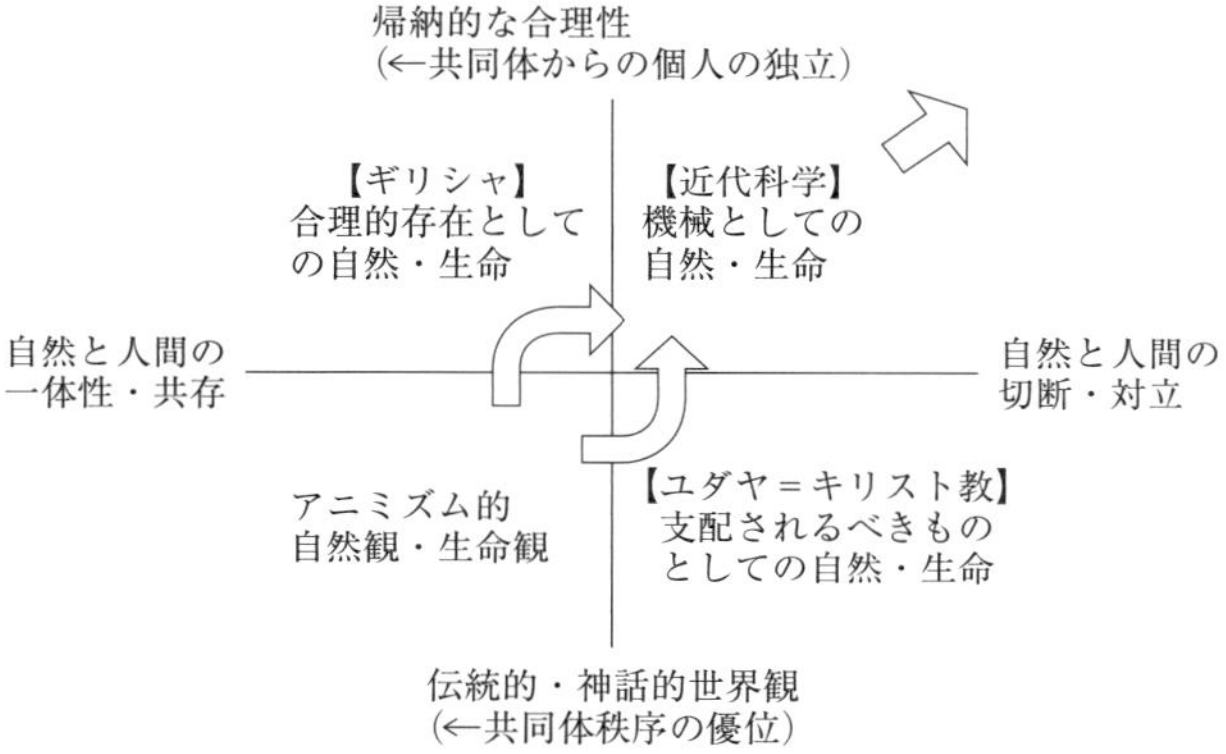


**図5・1** 「機械論的自然観・生命観」の成立とその先

け継いだといえるのではないだろうか。

そしてその二つの要素の結合として成立したのが他でもなく「機械論的自然観・生命観」だったのであり、こうした点をまとめたのが**図5・1**である。

## 近代科学の先にあるもの

一七世紀の科学革命以降展開してきた近代科学について、私たちはその〝先〟にある科学のありようをかなり根本的な次元にさかのぼって考え、構想していく時期に来ている。もちろん、近代科学に対する批判はこれまでも無数に様々な形で行われてきたし、また単純に近代科学に対する「反科学」の方向を提起すればそれで物事が解決するというものではない。

そうした点を踏まえたうえで、ここで考えてみたいのは、本章でこれまで論じてきたような自然観や生命観といった次元にさかのぼった上での、これからの新たな科学のありようである。

一つの手がかりは、先ほど近代科学の二つの柱あるいは軸として論じた点についての再考にあるだろう。つまりそれは、

（1）「法則」の追求〔背景としての「自然支配」ないし「人間と自然の切断」〕

（2）帰納的な合理性（ないし要素還元主義）〔背景としての「共同体からの個人の独立」〕

という二点だったのだが、この二つの次元にそくしてごく単純に言うならば、両者について、近代科学が前提としたような方向ではないようなあり方、つまり、

• (1)については、人間と切断された、かつ単なる支配の対象としての受動的な自然ではなく、人間と相互作用し、かつ何らかの内発性を備えた自然という理解。また、一元的な法則への還元ではなく、対象の多様性や個別性ないし事象の一回性に注目するような把握のあり方。

• (2)については、個人ないし個体を共同体的な（ないし他者との）関係性においてとらえるとともに、世代間の継承性（generativity）を含む長い時間軸の中で位置づけるような理解。また要素還元主義的ではなく、要素間の連関や全体性に注目するような把握のあり方。

と呼べるような科学の方向が、一つの可能性として浮かび上がってくる。

そして以上のような方向は、自然観や生命観にそくして論じてきた本章での議論の中で、すでに関連するものとして現れていた論点だったとも言える。

つまり、近代科学の出発点においてその中心的存在だったニュートンの古典力学は、その内容自体は「機械論的自然観」の象徴的言明であったと同時に、その外部に世界全体を支える〝隠れた神〟を置いていた。ここでは「自然すべて＝死せる機械」であり、それをその外部に位置する神が支え、駆動するという構図だったのである。

その後の近代科学の歩みは、見方によっては、そのようにして世界全体（＝機械）の外部に置かれた「主体」あるいは駆動因をもう一度世界ないし自然の中に順次取り戻していく歩みだったと考えることもできるのではないか。

つまりデカルトの場合は、既に見たように、（精神をもった）人間は世界における主体であり、しかし人間以外の存在は、他の生物を含めすべて「機械」の領域に位置づけられた。一方、一九世紀における新生気論者ドリーシュや、二〇世紀半ばに「負のエントロピー」を論じたシュレディンガーなどの場合は、生命と非生命との間に本質的な境界線を置き、生命現象については固有の主体的原理を見出しつつ、非生命の領域については（機械論的な）物理化学法則が妥当するものとした。

さらに、本章ではふれる余裕がなかったが、一九世紀から二〇世紀にかけてのドイツにおいて、たとえば(第2章でもふれた)「エコロジー」という言葉を作った生物学者であるヘッケル(一八三四—一九一九)や「エネルギー一元論」を唱えた化学者オストヴァルト(一八五三—一九三二。一九〇九年にノーベル化学賞受賞)といった研究者は、進化論やエネルギー概念に新たな解釈を施しつつ、人間、生命、非生命を含む自然全体に内在する駆動因を考え、一元論的な世界像を提起していた(詳しくは広井(二〇一四)参照)。そして、先ほどもふれた非平衡熱力学のプリゴジンに至ると、非生命的な領域においてもある種の自己組織化的な現象が生じることに注目し、自然一般の中に秩序形成に向けた内発的なポテンシャルが存在することを明らかにした。

このように、ニュートン以降の近代科学の歩みは、**「自然はすべて機械」という了解から出発しつつ、ある意味で逆説的にも、その外部に置かれた〝ニュートン的な神〟＝世界の駆動因を、もう一度世界の内部に順次取り戻し、すなわちそれを「人間→生命→非生命」の領域へと拡張していった流れであった**とも理解できるのではないか。

それは実のところ、**近代科学成立時の機械論的自然観がいったん捨て去ったアニミズム的要素——〝生ける自然〟あるいは自然の内発性——を、世界の内部に新たな形で取り戻していった流れ**と把握することもできるだろう。その結果、先にも論じたように、近代科学はある意味で〝新しいアニミズム〟とも呼ぶべき自然像に接近しているとも言えるのである（アインシュタインが〈引力を重力場の作用として位置づけつつ〉スピノザ的な汎神論に至ったことも関連するかもしれない）。それはまた、「自然あるいは世界全体の主体化ないし〝生命化〟」とも呼べる方向であるだろう。

ただしそれは、かつてのアニミズム的な自然観への単純な回帰ではない。先の**図５・１**にそくして言えば、右上の象限（近代科学の機械論的自然観）が展開をとげていったその先に、つまり自然や生命についてのより分析的あるいは俯瞰的な把握をへた上で、左下の象限（アニミズム）と高次のレベルで循環的に融合していく、ともいうべき姿である。

同時に以上のことは、先ほど近代科学の二つの要素にそくしてこれからの科学の方向を論じた内容、つまり「人間と自然」および「個人と共同体」という二つの局面において、近代科学の世界観において切断された関係性をもう一度つないでいくという方向と重なるものになるだろう。

そうした科学の新たな方向と、ポスト資本主義というテーマを軸とするこれからの社会の構想は互いに接続していく。本書の後半においてそのような考察を進めていこう。

# 第Ⅲ部　緑の福祉国家／持続可能な福祉社会

# 第6章　資本主義の現在

## 経済格差と「資本主義の多様性」

本書の第Ⅲ部では、資本主義のこれまでの歩みに関する第Ⅰ部の議論と、科学と情報、生命などをめぐる第Ⅱ部での原理的な考察を踏まえたうえで、私たちがこれから実現していくべき社会の構想を多面的に考えていきたい。

最初に**図6・1**を見てみよう。これは、いわゆる先進主要国の経済格差(所得格差)を示したもので、格差の度合いを表す指標であるジニ係数(値が大きいほど格差が大きいことを示す)の順に左から右に並べているものだが、国によってかなりの違いがあることが示されている。

デンマークなど北欧諸国がもっとも経済格差が小さく(つまり平等度が高く)、次いでオランダ、オーストリア、ドイツ、フランスなど大陸ヨーロッパ諸国が比較的平等であり、しかしギリシャ、スペインなど南欧諸国になると経済格差が次第に大きくなり、イギリスそしてアメリカに至るともっとも経済格差が大きいことが見てとれる。

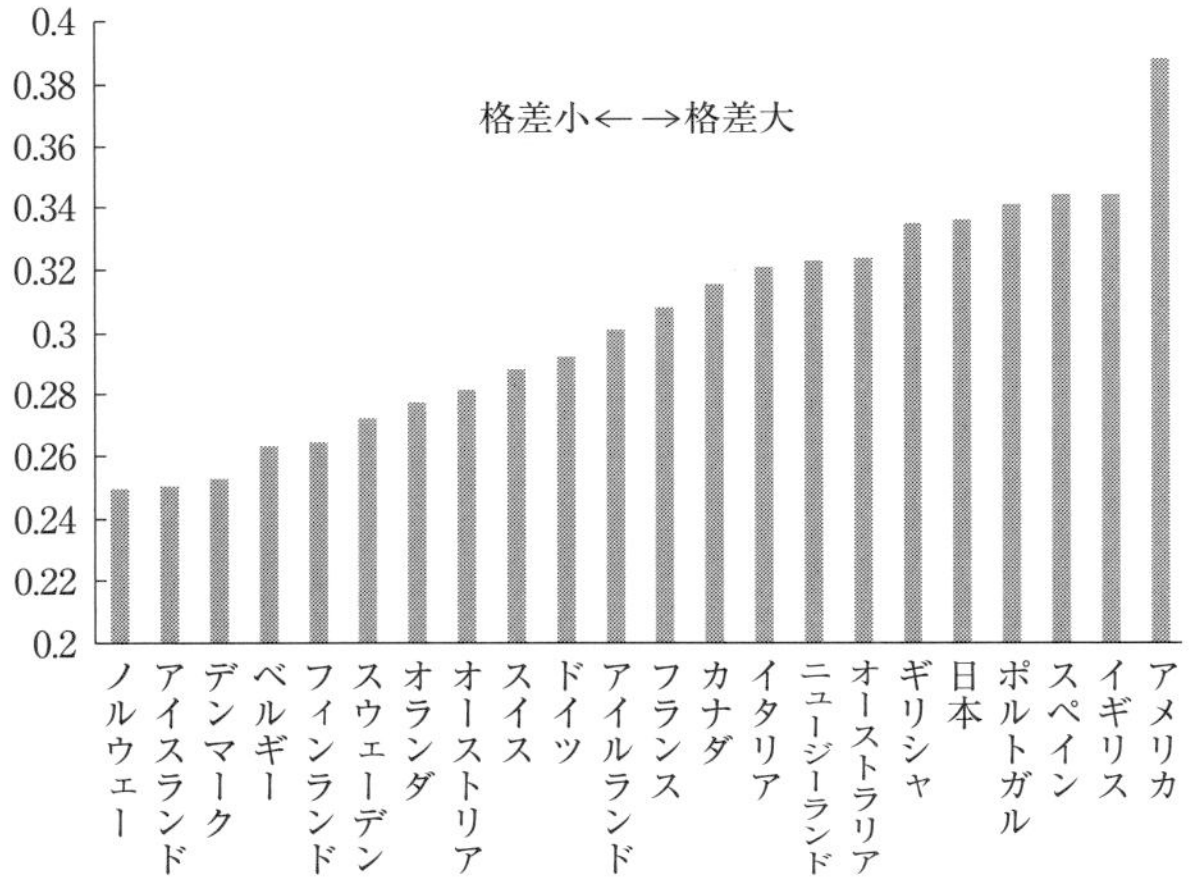


（注1）　主に2011年の数値.
（注2）　ここでの所得は再分配後の家計当たりの可処分所得（家計人数に応じて調整）.
（出所）　OECD Social and Welfare Statistics より作成.

**図6・1**　所得格差（ジニ係数）の国際比較

後の議論とも関わるが、「資本主義」と一口に言ってもその内容は国によって多様であり——いわゆる〝資本主義の多様性〟と呼ばれるテーマもこれに関係する（Hall et al. (2001)、Amable (2003)、安孫子（二〇一二）——、第２章でも述べたような「福祉国家」的な再分配を積極的に行い一定以上の平等を実現している国もあれば、〝純粋な資本主義〟とも呼ぶべきアメリカのような国もある。

　アメリカについて言えば、その経済格差の実態はこの図に示されている程度には収まらないだろうというのが（八〇年代末の二年間と二〇〇一年の

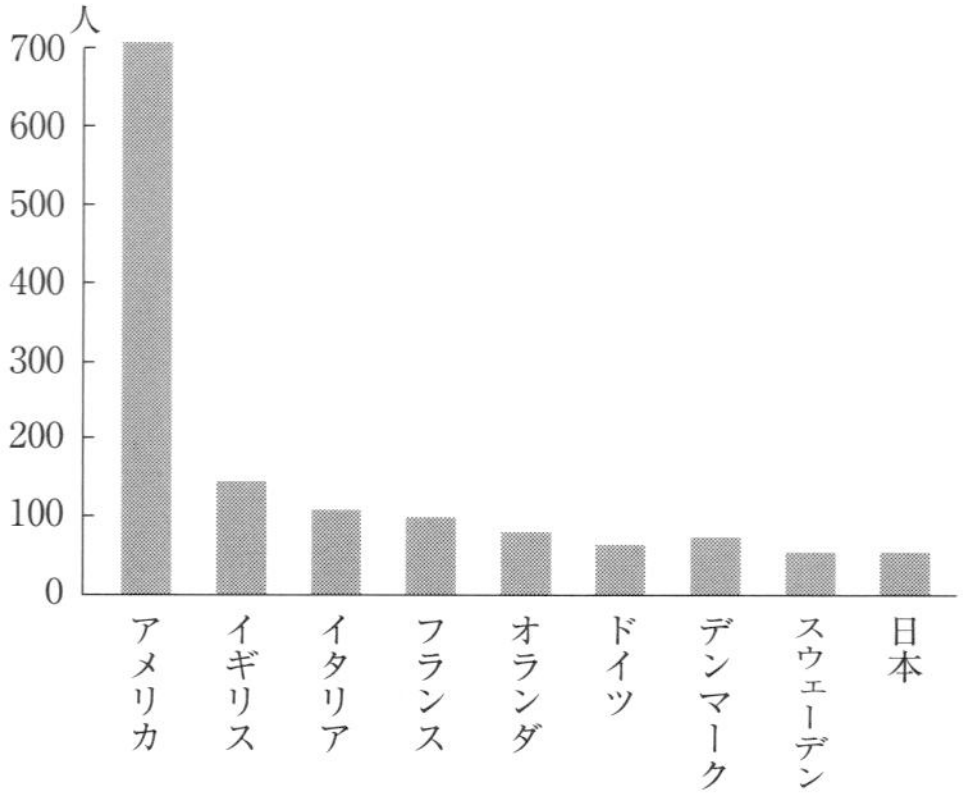


（注）　年次は2012年ないし13年.
（出所）　OECDデータより作成.

**図6・2**　人口10万人当たり刑務所収容人口

計三年暮らした経験を踏まえての）私の実感である。実際、アメリカの都市にはスラム化したエリアも多いので、そうした貧困層の所得等が統計的にきちんと把握されているとは考えにくい。むしろ、たとえば**図6・2**は各国の一〇万人当たり刑務所収容人口の国際比較で、アメリカが文字通り〝突出〟していることが示されているが、こうしたデータのほうが貧困や格差の実態をより正確に反映していると思われる（刑務所収容人口は明確に把握できるものであり、ちなみに犯罪率と経済格差は概ね相関関係にある）。

この場合、〝日本は先進国の中では比較的平等な国である〟となお思っている人がいるかもしれないが、それは誤りである。**図6・1**にも示されているように、近年では日本はＯＥＣＤ加盟国の中で格差の大きいグループに入っている。振り返れば、日本は一九八〇年代頃までは大陸ヨーロッパと同程度の平等度だったが、その後徐々に経済格差が拡大し現在のような状態に至っているのだ。

一方、このように格差の度合いは国によって大きな違いがあるが、「なぜ不平等は拡大を続けているのか」という副題の付けられた近年のOECDの報告書(*Divided We Stand: Why Inequality Keeps Rising*, 2011)は、先進諸国の大半において、一九八〇年代から二〇〇〇年代後半にかけて経済格差が拡大したという事実を指摘している。

では、なぜ多くの先進国において格差の拡大が生じているのか。

経済格差の背景には、無数とも言える様々な要因が働いており――たとえば技術革新、グローバリゼーション、高齢化、労働や家族構造の変化、相続を通じた格差の累積、社会保障制度のあり方等々――、複合的な視点から見ていく必要があるが、ひとつの重要な要素として、以下のような雇用ないし失業をめぐる状況の変化があることは確かだろう。

## 慢性的な失業と「生産過剰」

日本における失業率はリーマン・ショック(二〇〇八年)後に悪化して以降、近年では若干改善しているが(二〇一四年で三・六%)、年齢階級別に見ると六・九%(一五―二四歳)、五・三%

（二五―三四歳）、三・七％（五五―六四歳）となっており、一〇代後半～三〇代前半までの若い世代の失業率が概して高齢層のそれよりも高いことが示されている。しかもこれはあくまで「失業」率であるので、仕事には就いているがきわめて低賃金である者や、非正規雇用の者（ひいてはいわゆる〝ブラック企業〟での労働を余儀なくされている者）等はここには含まれていない。非正規労働者の割合は近年増え続けており、二〇〇三年には全労働者の三〇・四％だったが、二〇一三年には三六・七％にまで上昇している（労働力調査）。そして、こうした若者の雇用をめぐる状況の困難さは日本だけに限られた現象ではなく、先進諸国に共通のものとなっている。

では、このように若い世代の高い失業率が先進諸国において構造的になっているのは、そもそもどのような原因から帰結しているのだろうか。この点についての議論が不足していると思われる。

種々の要因の根本にある背景として、現在の先進諸国あるいは工業化をへた後の資本主義諸国において、構造的な〝**生産過剰**〟が生じており、それが若者を中心とする慢性的な失業のもっとも基底にある原因と考えられるだろう。

その趣旨はシンプルで、次のようなことである。概してモノが不足しているような時代には、企業が生産活動を行って生産物(あるいは財・サービス)を市場に提供すればそれは自ずと売れたが、現在のようにモノがあふれ、人々の需要の大半が満たされているような時代にあっては、生産物を作っても売れないということが珍しくなくなる。加えて、そこで生産性(労働生産性)を上げれば、それは〝より少ない人数で多くの生産を上げることができる〟ということを意味するから、必要な労働力はさらに少なくなり、一層失業が増えることになる。

## 生産性をめぐるパラドックスと〝過剰による貧困〟

かつての時代であれば、そうして生じた余剰の労働力は別の新たな生産に従事し、そこで次々と新たな需要が生じ、全体として社会がより豊かになっていくというサイクルが働いていたのであるが——私はこれを「労働生産性上昇と経済成長の無限のサイクル」と呼んできた(広井(二〇一五)等)——、現在では上記のように際限なく新たな需要が生まれるという状況ではなくなり、結果として、皮肉なことに〝**生産性が上がれば上がるほど失業が増える**〟という逆説的な事態が生まれているのだ。

以前の著書でも紹介した点だが、これは第2章でも言及した『成長の限界』(一九七二年)を策定したローマ・クラブが、一九九七年に公にした『雇用のジレンマと労働の未来』という報告書で論じた内容と重なっている。この報告書は、それを〝楽園のパラドックス〟という表現で次のように述べている。

すなわち、技術革新とその帰結としての大幅な労働生産性の上昇により、われわれは以前のように汗水たらして働かなくてもよくなり、〝楽園〟の状態に少しずつ近づきつつある。ところが困ったことに、「すべてのものを働かずに手に入れられる」楽園においては、成果のための給与が誰にも支払われないということになり、結果として、そうした楽園は、社会的な地獄状態――現金収入ゼロ、一〇〇％の慢性的失業率――になってしまうことになる（田中（二〇〇八）参照）。

これは納得しがたい議論のようにも響くが、要するに「生産性が最高度に上がった社会においては、少人数の労働で多くの生産が上げられることになり、人々の需要を満たすことができるので、その結果、おのずと多数の人が失業することになる」ということである。一つの「パラドックス」であるとともに、まさに現在の先進諸国で生じている事態である。

しかもそこでの富は、仕事のある一部の層に集中することになるから、それは同時に分配の偏在あるいは格差の問題を増幅させることになる。つまり失業は自ずと貧困につながり、たとえば日本の場合、生活保護の受給世帯はその要因にそくして「高齢者世帯」「傷病・障害者世帯」「母子世帯」「その他世帯」に分類されるが、全体として生活保護受給者が近年増加している中で、若者などを多く含む「その他世帯」の割合が顕著に増加しているのだ（「その他世帯」が生活保護全体に占める割合は一九九七年の六・七％から二〇一二年には一八・四％に増加）。

これはある意味で〝**過剰による貧困**〟とも呼ぶべき状況であるだろう。かつての時代は〝欠乏による貧困〟、つまり生産の不足あるいは生活に必要な物資の不足が単純に貧困を意味したわけだが、現在の先進諸国あるいは発達した資本主義の国々では、むしろ以上のようなメカニズムを通して、〝過剰→失業→貧困〟という新たな事態が生じているのである。

しかも、ここで〝過剰による貧困〟と呼んでいる状況はそれだけではない。こうした事態が強まれば強まるだけ、雇用をめぐる競争は激化し、限られた雇用の椅子をいったんは得ている者も、不安にかられて過重な労働を行い、ストレスや過労や健康悪化に悩まされることになる。現に日本で顕著に生じている事態であり、これもまた〝過剰による貧困〟の一形態と言える。全体として、一方における「失業」と他方における「過労」が共存し、かつ格差が拡大するという、逆説的な事態になっているのである。

若干余談めくが、序章でも言及したように最近のＳＦ系映画で、近未来社会においてこうした分断や二極化が極限まで進んだ姿を描いたものが多く見られる。同時にそこでは限りない

「拡大・成長」を目指す資本主義は自ずと〝地球脱出、宇宙開発〟へと向かうので――序章で述べた「第四の拡大・成長」の一要素でもある――、富裕層が地球外に移り住み、残りの者が(荒廃した)地球に残って生活するといったモチーフがしばしば描かれている(『エリジウム』など)。現在の地球社会はここまでには至っていないだろうが、先ほど言及したOECDの報告書のタイトル(Divided We Stand――分断された社会)にも示されるように、構造としてはこうした方向に向かう要素は十分存在していると言うべきだろう。

本書で言及してきたマンデヴィルの〝個人の私利の追求が社会全体の富の拡大につながり、結果として公的な善になる〟という考えが成り立つ条件は、社会全体の富あるいはパイの総量が拡大を続けるという前提にこそあるのだった。しかし本章で述べているように、現在は人々の需要が成熟・飽和し、他方では地球資源の有限性が顕在化し、限りないパイの総量の拡大という前提がもはや成立しない状況になっている。そうした中で**拡大期と同じような行動を続けるとすれば、プレイヤー同士が互いに首を絞め合う**ような事態が一層強まっていくだろう。

## 「過剰の抑制」と時間政策

ではどうしたらよいのか。

ここでは〝過剰〟という富の生産の「**総量**」の問題と、〝貧困〟や〝格差〟という、富の「**分配**」の問題の双方が、互いに絡み合う形で存在している。したがってまず大きく言えば、求められる対応の重要な柱として、

**（１）過剰の抑制**　――富の総量に関して
**（２）再分配の強化・再編**　――富の分配に関して

という二つが挙げられるだろう（このうち（２）は次章で主題化したい）。

（１）は上記の〝限りない「拡大・成長」の追求〟という方向の転換とも関わるもので、まずもっともシンプルなものとしては労働時間（正確には賃労働時間）の短縮という点がある。モノが不足している時代にあっては、〝勤労〟という言葉が示すように労働はそれ自体「善」であり、それは労働が社会全体の生産の拡大と便益の増大に寄与するからだった。つまり労働はそれ自体が〝利他的〟な性格を持ちえたのである。しかし本章で述べてきたように、現在のような〝過剰〟の時代においてはそうした発想は少なくとも部分的に修正する必要が生じている。

すなわち、先ほどローマ・クラブの〝楽園のパラドックス〟に言及したように、労働生産性の上昇のみを追求していくと、（社会全体の需要はそれと同等には増加を続けないという状況

に至っているので)それは結果として失業の増大を招くという逆説的な事態が生まれている。したがって労働生産性の上昇があった分は、むしろ労働時間を減らしてそれ以外の(余暇などの)活動の時間にまわし、生活全体の「豊かさ」を高めていくという方向が重要になってくる。

こうした点に関し、近年ヨーロッパにおいては「**時間政策**(time policy)」という政策展開が社会的に進められつつある。時間政策とは、人々の労働時間(正確には賃金労働時間)を減らし、その分を地域や家族、コミュニティ、自然、社会貢献などに関する活動にあて、つまり〝**時間を再配分**〟し、それを通じて全体としての生活の質を高めていこうという政策だ(OECD(2007))。

この背景には、本章で述べてきたように、現在の先進諸国においては失業が慢性化しており、しかもその根本原因には構造的な生産過剰があるという認識が働いている。個々人の労働時間を減らすことで、生活全体の「豊かさ」を高めるとともに、(いわゆるワークシェア的な効果を通じて)社会全体の失業率を減少させるという考えから、「時間政策」がとられるようになったのである。

たとえばドイツにおいては「生涯労働時間口座」という仕組みが九〇年代末から導入され、多くの企業に広がりつつある。これは一人一人が生涯労働時間口座という口座を作り、たとえば超過勤務を行った場合には、その超過時間分を時間ポイントとして〝貯蓄〟し、そうして貯蓄した時間分を、後でまとめて有給休暇として使うことができるといった仕組みである(田中(二〇〇八)参照)。同様にオランダは二〇〇六年から「ライフコース・セイビング・スキーム」と呼ばれる制度を導入したが、これは個人(被雇用者)は毎年の給与の最大一二%を〝貯蓄〟し——その部分は非課税となる——、それを後の時期の休暇における生活費にあてることができるというものだ(貯蓄額の上限は年間給与の二・一年分)。

## 時間政策の効果と社会的合意

日本にそくして考えた場合、私自身は〝「国民の祝日」倍増〟という提案を以前から行ってきた(広井(二〇〇一))。

ゴールデンウィークなどに行楽地に出かけると、どこに行っても人であふれている。あらためて思うのは〝日本人は休む時もみんな一緒でないと休まない(休めない)〟ということだ。思うに、日本人は本当はもっと休みをとりたいのである。東京など大都市の地下鉄での人々の疲れ切った様子や表情を見ればよくわかる。しかし日本の職場は「空気」が支配していて、他の人をおいて自分だけが休むことはなかなかできない。有給休暇がまともに消化されないのもその反映である。だからこそ、国民の祝日となり、〝みんなも休む〟となると、いわば休んでもよいという「許可」が得られたように感じ、人々は〝安心して〟休み、一斉に各地に出かけるのだ。

「国民の祝日」倍増政策は、ある意味で日本の現状や日本人の行動様式を踏まえた苦肉の「時間政策」だが、国民の祝日倍増という方法に限らず、時間政策は以下のような種々のプラスの意味をもっていると考えられる。

①今後の消費の中でもっともポテンシャルがあると思われる「余暇消費」(後で述べる「時間の消費」)が増え、関連の雇用とともに経済にもプラスに働く。

②創造性にも寄与する……サービス中心あるいは付加価値や創造力が鍵となる現代においては、長時間労働はかえって生産性にもマイナスとなり、アイデアも枯渇し競争力も低下する(実際、国際比較を見ると労働時間と時間当たりの生産性には概ね負の相関が見られる)。

③何より健康にプラス……現在の日本社会をおおっている慢性疲労状態からの改善に資する。

④ワークシェアを通じた失業率削減と貧困是正にも寄与する(本章で論じてきた内容)。

⑤（カイシャだけではなく）地域などですごす時間が増え地域活性化・コミュニティ再生にも寄与する……つまり「時間」政策は実は「空間」的効果をもつ。

⑥おそらく出生率の改善にも貢献する。

以上のうち最後の⑥について補足しておこう。これは当初あまり意識していなかったのだが、最近の次のような印象的な出来事から再認識するようになった点だ。

私は大学で「社会保障論」という通年の講義を行っているが、先日「少子化」をテーマとする話をした際に学生に小レポートを書いてもらったところ、現在の日本における少子化ないし低出生率の原因として大きいのは、「労働時間が長すぎ子どもを生み育てる余裕がないこと」という点を挙げて論じる学生が予想外に多かった。

たとえばある学生は「少子化の背景として未婚化、晩婚化が挙げられているが、その大元の要因は日本の労働環境にあると思う」と記し、少子化問題への対応策としてワークシェアの必要性を指摘していた。別の学生は、「会社の労働環境を変えることが一番ですが、どのくらいのペースで変えていくかが問題です。育休が自由にとれるようになっても休まないのが当たり前の空気の中では、休みを取ろうにも取れませんし、会社も休みをとろうと思っている人間を採用しようとは思わないと思います。〝空気〟は本当にやっかいです」と述べていた。

偶然にも、ある女子学生は、最近就活をしている友人の例をひき、面接で多くの会社が子どもを生むとしたらいつ生むかをよく聞いてくるので、ある会社にその理由を聞いたところ、「子どもがないってことはこれから生むでしょう？　休みとらなきゃいけないでしょう？　困るよ」と言われショックを受けたことを記していた。嘆くべき現在の日本社会の現実である。

上記の「空気」の話にも見られるように、学生たちは、まだ実際に働いてはいないものの、日本の多くのカイシャが――それが一部であることを望みたいが――どういうところかをうすうす知っているようだ。特に子育てとの関連では、やはり女子学生が鋭くその実態と「空気」のもつ抑圧性を感じているのである。

「国民の祝日倍増」ないし時間政策に戻って若干補足すると、ポイントは、ここで論じているような「過剰の抑制」や労働時間削減の実現を促進していくには、そうした方向に向けての「社会的合意」が重要であるということだ。それは裏返して言えば「社会的ジレンマ」と呼ばれる現象――多くの人が本当はある行動をとりたくても、他者が協調的な行動をとってくれるかどうかがわからないので、やむをえず不本意な競争的行動をとること――をいかに回避するかという論点でもある(社会的ジレンマについては山岸(二〇〇〇)参照)。

また、そもそも企業や個人が休みをとりにくい理由の一つとして、「他社との競争」に負けるわけにいかない(自分たちが休んでいる間に他社は生産活動を続けている可能性がある)という要素があるわけだが、国民の祝日倍増といった公共政策は、社会的に合意されたルールとして(一斉に)休みを増やすものなので、いわば〝無用なラットレースからの解放を社会的に合意する〟という意義をもつことになるのである。

## 「時間環境政策」という発想

さらに、こうした時間政策が次のようなより根源的な意味をもっていることを考えてみたい。

ベストセラーとなった『ゾウの時間　ネズミの時間』で著名な生物学者の本川達雄は、最近の著書『生物学的文明論』の中で、「時間を環境問題としてとらえる」という印象深い議論を行っている。

そのベースになっているのは、本川がこれまでも展開してきた次のような議論である。すなわち「ビジネス business」とは、文字通り〝busy＋ネス(＝忙しいこと)〟が原義であるが、その本質は「エネルギーを大量に使って時間を短縮すること(＝スピードを上げること)」と言い換えることができる。たとえば東京から博多への出張に列車ではなく飛行機で行くと、それはエネルギーをより多く使う分、それだけ速い時間で目的地に到着することができるわけで、つまりそれは「エネルギー↓時間」という変換がなされたことになる。

この調子で人間は生活のスピードを無際限に速めてきており、現代人の時間の流れは縄文人の四〇倍ものスピードになっている(同時に縄文人の四〇倍のエネルギーを消費している)。しかしそうした時間の速さに現代人は身体的にもついていけなくなりつつあり、「時間環境問題」の解決こそが人間にとっての課題である、というのが本川の主張である。

つまり時間環境をゆるやかにすることで、エネルギーや資源消費も減ることになる。氏の言葉を借りれば、それは「時間をもう少しゆっくりにして、社会の時間が体の時間と、それほどかけ離れたものではないようにする」ことである(本川(二〇一一))。

話題を広げると、これはそもそも人間の病気とは何かという点に関する、進化医学(evolutionary medicine)と呼ばれる領域の知見ともつながってくる。すなわち、人間という生き物の遺伝子ないし生物学的な組成そのものは、ホモサピエンスが生まれた約二〇万年前からほとんど変化していない。しかし人間が作り出してきた文化や社会的環境は、(上記の〝スピードの速さ〟という点を含めて)大幅に変化しており、そうしたいわば「遺伝子と文化」のギャップ――人間の身体が適応できないほどに人間が作った環境が大きく変化したこと――が多くの病気の根本原因として理解される(進化医学についてはNesse et al.(1994)、Stephen C. Stearns (ed.)

(1999)、井村(二〇〇〇)等参照)。

私たちは、いわば「**時間環境政策**」とも呼ぶべき公共政策を考えていくべき時期に来ていると思われ、それは本章で論じてきた「過剰の抑制」というテーマと重なるのである。

## 「○／t」の増大から「時間」そのものへ

さらに根本的には、次のようにも考えられるだろう。経済というものは、ある段階までは物の豊かさが増大するという形で推移する。ところがある段階を過ぎると、先ほどの本川の議論ともつながるが、経済成長とはほとんど「スピードが速くなる」ことと限りなく重なっていくのではないか。すると経済が成長したと言われても、豊かになったという実感は少なく、「忙しくなった」という感覚ばかりが増すことになる。

思えばほとんどの経済指標は、富の生産や経済活動の「単位時間当たりの」量で測られている。ということは、「経済成長率」が少し落ちるということは、「生きていくスピードをちょっとゆるめる」ということに他ならない。この場合、単位時間当たりというのは定式化すれば「○／t」ということだが、現在においては、人々の消費や志向はむしろ(ここでは分母となっている)「t(時間)そのもの」に向かっているのではないか。

第2章で科学の基本コンセプトが「物質→エネルギー→情報」と進化してきたことを述べたが、これは同時に人々の消費が「物質の消費→エネルギーの消費→情報の消費」という形で変化してきたこととパラレルである。現在そして今後は、さらにその先の「**時間の消費**」という姿が本質的な意味をもってくるだろう(広井(二〇〇一)参照)。

それはたとえばカフェなどで、あるいは自然の中で、ゆっくりとした時間を過ごすこと自体への欲求や歓びであり、つまり「○/t」の量的増加ではなく「t(時間)」そのものの享受である。そうした方向への転換が、ポスト資本主義あるいは定常型社会という社会像と重なることになる。

## 「生産性」概念の再考

以上のような時間政策ともつながり、また本章で述べている「過剰の抑制」という話題とも関わる論点として、「生産性」概念の転換というテーマが重要となる。

それは「**労働生産性から環境効率性**(ないし資源生産性)へ」の転換と呼ばれるもので、このように表現すると難しく響くが、その中身は以下のようにシンプルなものだ。

すなわち、かつての時代は〝人手が足りず、自然資源が十分ある〟という状況だったので

「労働生産性」(＝少ない人手で多くの生産を上げる)が重要だった。しかし現在は全く逆に、むしろ〝人手が余り(＝慢性的な失業)、自然資源が足りない〟という状況になっている。したがって、そこでは「環境効率性(資源生産性)」、つまり人はむしろ積極的に使い、逆に自然資源の消費や環境負荷を抑えるという方向が重要で、生産性の概念をこうした方向に転換していくことが課題となる。

しかしながら、放っておくだけではそうした転換はなかなか進まないので、経済的なインセンティブによって「労働生産性から環境効率性へ」という方向に企業の行動を誘導していくことがポイントとなる。そのための政策として、一九九〇年代頃からヨーロッパにおいて「労働への課税から資源消費・環境負荷への課税へ」という政策が採られるようになった。この象徴的な例が、ドイツで一九九九年に行われた「エコロジー税制改革」と呼ばれる改革である。

具体的には、環境税を導入するとともにその税収を年金にあて、そのぶん社会保険料を引き下げるという内容だった。さしあたってのねらいは、環境負荷を抑えつつ、社会保障の水準を維持し、かつ社会保険料を下げることで(企業にとっての雇用に伴う負担を抑えて)失業率を低下させ、かつ国際競争力を維持するという、複合的な効果をにらんだ政策ということになる。

しかしその根底にある理念は、上記の「労働への課税から資源消費・環境負荷への課税へ」

というものであり、それを通じて〝人を積極的に使い、資源消費・環境負荷は抑える〟という方向への企業行動の転換ひいては生産性概念の転換を促進するというのが真のねらいであった。こうした発想を踏まえて、日本ではあまり知られていないが、環境税を導入しているヨーロッパの国々の多くは、このように意外にも環境税の税収の相当部分を社会保障に使っているのである(広井(二〇〇一))。

「生産性」の意味についてさらに考えれば、「労働生産性」という生産性概念は、先ほども論じたように基本的に「〇/t」、つまり時間当たりの生産量等という発想のコンセプトと言えるだろう。他方、「環境効率性(ないし資源生産性)」という概念は、資源当たり、あるいは土地当たりという、大きくは「空間」を分母にすえたコンセプト(〇/空間)と把握することができる(ちなみに環境政策の分野でよく知られた「エコロジカル・フットプリント(=ある地域ないし国が行っている生産・消費活動のために必要な土地が、その地域ないし国の土地の何倍の面積に相当するかという指標)」も、土地ないし空間を分母にとった概念である)。

したがってこのテーマは、「生産性」という基本概念の〝分母〟を時間から空間ないし資源・土地という座標に転換していくという、経済社会の根幹に関わるテーマでもあるだろう。

## 生産性の〝物差し〟を変える

「労働生産性から環境効率性へ」という生産性概念の変更を踏まえると、興味深いことに、これまで〝生産性が低い〟ことの象徴のように言われてきた福祉や教育などの（対人サービスの）領域が、むしろもっとも**〝生産性が高い〟**領域として浮上することになる。

つまり、これらの領域は基本的に「**労働集約的**」な分野であり、つまり「人」の比重が非常に大きな領域なので、「労働生産性」（少ない人手で多くの生産を上げる）という物差しでは概して〝生産性が低い〟ということになるわけである。

しかし裏返して見れば、労働集約的であるということは、〝人手〟を多く必要とする、すなわちそれだけ**〝雇用を創出しやすい〟**ことを意味するのであり、実際、経済産業省などの報告書等でも、こうした福祉などの分野が今後もっとも大きな〝雇用創出〟分野として位置づけられている（たとえば「経済社会ビジョン――「成熟」と「多様性」を力に――」（二〇一二年六月））。

思えば経済の「拡大・成長」期においては、大量の資源を使う「資源集約的」な活動が生産性が高いとされてきた。そしてそれは、そもそも人間の歴史における拡大・成長期が、エネルギーの利用形態の高度化（自然の搾取の度合いを強めること）によって実現されてきたという、序章での議論と呼応する。しかし**資源の有限性が顕在化し、かつ生産過剰が基調となって失業**

**が慢性化する成熟・定常期においては、人々の関心はサービスや人との関係性（あるいは「ケア」）に次第にシフトし、人が中心の「労働集約的」な領域が経済の前面に出るようになるだろう。**そうした構造変化に応じて生産性の概念を再考し、転換していく必要があるのだ。

このような点に関し、様々な技術革新が進み、〝機械との競争〟などと言われるように機械が人間の労働を一部代替する領域も増え、それによって労働生産性が依然として上昇している（＝より少ない人手で生産が上げられる）わりには、失業率がさほど極端に上昇していないのはなぜだろうか。

実はその重要な要因として、高齢化などの背景も加わって、まさにこうした「労働集約的」な領域（福祉、教育、医療などの分野や、より広く対人サービスないしソーシャル・サービスの領域）が現代社会において増加し、しかもそれらの領域が「労働集約的」であるがゆえに、相対的に多くの雇用が生まれ、それによって社会全体の失業率の悪化が緩和されているからではないか。

つまり単純に言えば、従来の（労働生産性という）物差しをそのまま当てはめれば〝生産性が低い〟領域によって、ある意味で社会全体が救われていることになる。実際、北欧など福祉・教育等の分野――「ケア」ないしソーシャル・サービス関連分野と呼ぶことができる――に多くの資源を公共的な政策として配分している国において、経済のパフォーマンスも概して高いのは、以上のような背景と関係していると思われる。

そして、本章では「過剰の抑制」というテーマについて考えているが、こうした資源集約的な領域から労働集約的な領域へのシフトをうまく図っていくことが、先に指摘した〝過剰による貧困〟(生産過剰→失業→貧困)という状況を是正する重要な政策となるだろう。

ちなみにこのテーマは、環境政策の領域で「**サービサイズ**」と呼ばれているコンセプトや実践と通じる。サービサイズとは、〝モノを売る経済活動からサービスを売る経済活動に転換していく〟という趣旨の考え方で、たとえば殺虫剤というモノを売るビジネスから〝害虫駆除サービス〟というビジネスに転換すると、事業者としてはより多くの量の殺虫剤を売るのではなく、むしろより少ない殺虫剤の使用で(＝より少ない資源消費で)害虫駆除がなされるという方向に事業の目的やインセンティブが変換されるので、資源消費や環境負荷にとってより望ましい経済活動となるという考え方である(地球環境関西フォーラム循環社会技術部会編(二〇〇六))。

このような「サービサイズ(モノからサービスへの転換)」を行う場合、その「サービス」を提供したり様々な創意工夫を行うのは他でもなく〝人〟であるので、それはまさに先ほどから論じている「資源集約的」な経済活動から「労働集約的」な経済活動への転換となり、雇用創出にもつながることになる。ここにおいて、サービサイズという「環境政策」に由来するコンセプトは「雇用政策」としても大きな意味をもつことになる。

ただし重要な点だが、こうした方向への転換は、市場経済に委ねていれば自然に進んでいくものではなく、先ほどの北欧の福祉・教育などの政策や、ドイツのエコロジー税制改革などのように、それを促すための公共政策が不可欠となる。

なぜなら、たとえば介護などの領域は、日本においてそれが概して低賃金であり離職者が絶えないことにも示されているように、市場に委ねるだけではその労働の価値が著しく低く評価され、維持できなくなるからだ(なぜそのように「低く評価」されるかという構造については終章において「時間」をめぐる考察とともに掘り下げたい)。したがって、そうした分野の価値を公的な財政で何らかの形で支えるような政策――たとえば介護や教育等の分野の公的財政での支援、自然エネルギーに関する価格支持政策など――が特に重要となることを確認しておきたいと思う。

# 第７章　資本主義の社会化またはソーシャルな資本主義

## 社会的セーフティネットの進化

今後とるべき方向の二つの柱として指摘した「(1)過剰の抑制、(2)再分配の強化・再編」のうち前者について議論したが、後者、つまり格差が拡大する中での「分配」のありようやその平等をめぐるテーマについてはどうか。

これについては、まず「社会的セーフティネット」という視点から議論を進めてみよう。**図７・１**をご覧いただきたい。これは現在の日本や多くの先進諸国における「社会的セーフティネット(安全網)」の構造を簡単にまとめたものである。

まずピラミッドの一番上に「雇用というセーフティネット(C)」の層がある。これは、ある意味では当然のことだが、資本主義システムあるいは市場経済を基調とする社会においては、仕事に就き、そこで収入を得ることが生計を立てていくにあたってのもっとも基本的な前提であり基盤になるという意味である。

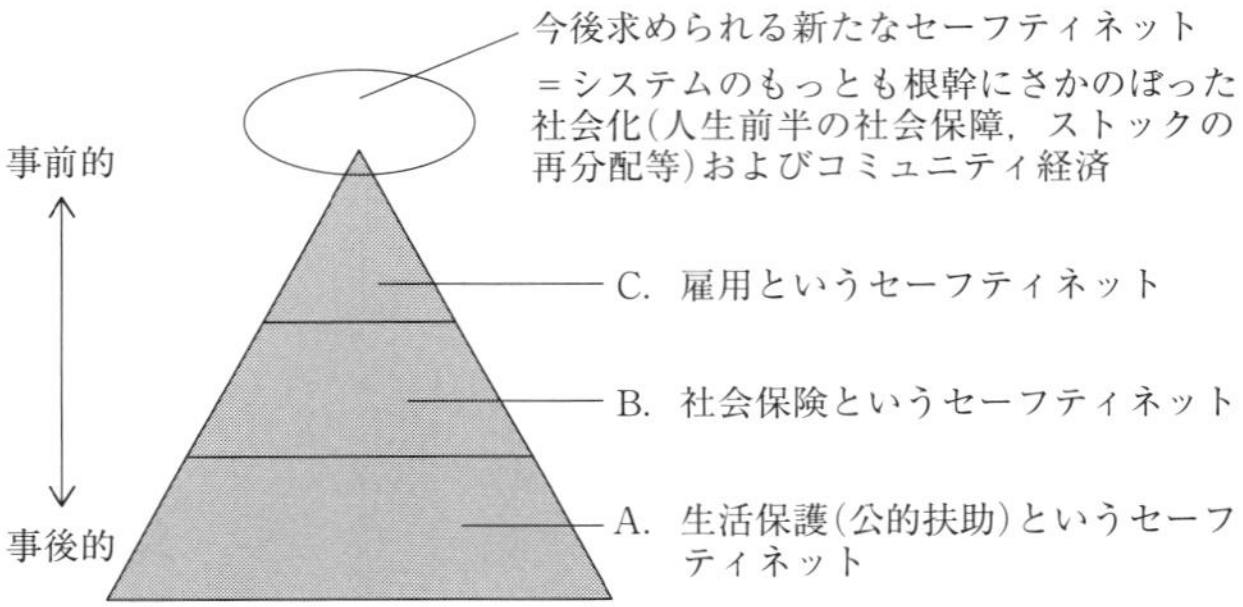


(注) 歴史的には，これらのセーフティネットはA→B→Cという流れで(＝事後的なものから事前的なものへという形で)形成されてきた(Cについては，ケインズ政策という雇用そのものの創出政策)．しかし現代社会においては市場経済そのものが成熟・飽和しつつある中で，市場経済を超えた領域(コミュニティ)を含むセーフティネットが求められている．

**図7・1** 社会的セーフティネットの進化と構造

しかし人間は病気になったり失業したり、高齢になると退職して収入源を失ったりする。そこで重要になるのが、ピラミッドの真ん中の「社会保険というセーフティネット(B)」であり、健康保険や失業保険、年金等がこれに該当する。

ただしここで注意すべきは、こうした社会保険は、あらかじめ仕事に就き、そこで収入の一定部分を「社会保険料」という形で事前に払っていることが前提であり、つまり先の「雇用」とセットになっているということだ。したがって、もともと仕事に就いていなかったり病気や失業の期間が長くなったりすると社会保険のセーフティネットは受けることができなくなる。

そこで登場するのが〝最後のセーフティネッ

ト〟たる生活保護であり(図の一番下のA)、これは税によって賄われる最低限の生活保障(現金給付)システムである。

以上が社会的セーフティネットの一般的な構造だが実はここで論じたい内容は次の点にある。それは、歴史的に見ると、**こうした社会的セーフティネットは、資本主義の進化の過程の中で、いま述べたのとは逆の順、つまりピラミッドの下から上にかけて、順次整備されてきた**という点だ。

すなわち、第2章での議論ともつながるが、こうした社会的セーフティネットの最初の象徴例は、まさに資本主義の勃興期のイギリスにおけるエリザベス一世によって制定された「救貧法(Poor Law)」であり(一六〇一年)、奇しくもこの一六〇一年という年はイギリス東インド会社が創設された年(一六〇〇年)の翌年である。第2章でもふれたように、当時のイギリスでは毛織物など農村工業が勃興して市場経済が急速に発展しており、しかし同時にその負の側面として都市に貧困層が発生・拡大し、その慈善的な救済策として救貧法が制定されたのである。

しかしやがて一八世紀後半に産業革命が起こり、工業化が進展して大量の都市労働者が生まれる時代になると、いわば**救貧法のような事後的な救済策では到底〝間に合わなく〟なり**、そこで労働者が(病気や失業に陥る前に)事前にお金を積み立てて共同でプールし、あらかじめ貧困に備えるという仕組みが案出されるに至る。これがまさに国家による強制加入保険としての「**社会保険**」の誕生であり、それはよく知られるように、当時急速に工業化を成し遂げイギリスの地位を脅かしつつあったドイツ(プロシア)における宰相ビスマルクの実施した基幹的政策となった(一八七〇年代に疾病保険、労災保険、年金保険が創設)。

これらは先の社会的セーフティネットの図の真ん中(B)にあたるものである。

## システムの根幹への介入と「社会化」

しかし物語はこれでは終わらない。その後工業化はさらに加速し、資本主義はさらに展開するが、それはやがて一九二九年の世界恐慌を迎える。

この時マルクス主義陣営は、資本主義は生産過剰に陥っており、したがって国家による生産の計画的管理が不可避と主張したわけだが、ここで(第2章でも述べたように)あたかも資本主義の救世主として登場したのがケインズだった。そしてケインズは、政府が公共事業や社会保障を通じて市場に介入することにより、(経済成長のエンジンである)新たな需要を創出することができ、それによって、**ピラミッドの一番上、つまり「雇用」そのものをも生み出すことができる**としたのである。

「雇用」そのものを政府が作り出すというのは、まさに資本主義の根幹に関わる〝修正〟であり、第2章でも論じたように、こうした「ケインズ主義的福祉国家」の理念と政策は「修正資本主義」とも呼ばれたのだが、こうした政策により、資本主義は恐慌と戦争から再出発し、二〇世紀後半（特に一九七〇年代頃まで）に空前の成長を遂げたのだった。

以上の流れを見ると、先ほど指摘したように、資本主義は、その社会的セーフティネットを図7・1のピラミッドの下から上の順に整備していったことになる。

そしてここで注目したいのは、そうした**資本主義の歴史的な進化の過程の中で、政府による市場経済への介入が、いわば資本主義システムの末端的部分から、より根幹的な部分へと進んでいった**という点だ。

つまり最初は救貧法のような事後的救済から始まり（第1ステップ）、続いて社会保険という〝事前的〟な介入となり（第2ステップ）、さらに二〇世紀半ば以降はケインズ政策的な市場介入による雇用そのものの創出（第3ステップ）に進化していった。これは巨視的に見るならば、**それぞれの段階において分配の不均衡や成長の推進力の枯渇といった〝危機〟に瀕した資本主義が、その対応あるいは「修正」を、〝事後的〟ないし末端的なものから、順次〝事前的〟ないしシステムのもっとも「根幹」（ないし中枢）にさかのぼったものへと拡張してきた**、という一つの大きなベクトルとしてとらえることができるのではないか。

その「修正」の中身は、政府ないし公的部門による市場への介入の拡大であるから、それは言い換えれば**資本主義がそのシステムを順次〝社会化〟してきた――あるいはシステムの中に〝社会主義的な要素〟を導入してきた――ステップ**でもあったのである。

そして、第二次大戦後に大きく成長した(部分的に社会化された)資本主義が、七〇年代頃から徐々に低成長に入り、第2章で見たような金融化・情報化とグローバル化による一定の再興をへつつも、二〇〇八年の金融危機に至った。

それでは、これから私たちが展望あるいは構想しうる(すべき)社会システムは、どのような性格のものとなるのだろうか。

**資本主義・社会主義・エコロジーの交差――システムの根幹における社会化とは**

先ほどから述べている、〝資本主義は進化のプロセスの中で、その修正あるいは社会化をシステムの末端部分から根幹部分に向かう形で行ってきた〟という大きな方向があるとすれば、今後展望されるのは、論理的には「**システムのもっとも根幹(ないし中枢)にさかのぼった社会化**」という性格のものになるだろう。

それは、先の**図７・１**のピラミッドの図にそくして言えば、図にも示しているように、ピラミッドのいわば先端部分における社会化あるいは新たな社会的セーフティネットの創出ということでもあるだろう。

私自身が既に以前の拙著で論じてきている内容と重なるが(広井(二〇〇九ｂ)、同(二〇一一))、結論から言えばそれは次のような点を特に重要な柱とするものである。

⑴ **「人生前半の社会保障」等を通じた、人生における〝共通のスタートライン〟ないし「機会の平等」の保障の強化**

⑵ **「ストックの社会保障」あるいは資産の再分配(土地・住宅、金融資産等)**

⑶ **コミュニティというセーフティネットの再活性化**

このうち⑴と⑵は〝社会化〟という方向に関するもので、他方、⑶はそれとはやや性格が異なり、市場(私)と政府(政府)という二元論を超えた「共」的領域に関わるもので、また持続可能性やエコロジーという理念とつながる内容である(これについては次章の「コミュニティ経済」で展開したい)。

さて⑴についてまず述べると、この内容は、教育や雇用、住宅などを含む、若者や子どもに関する社会保障ないし公的支援を強化し(その財源として相続税などを活用)、個人が人生の初めにおいて〝共通のスタートライン〟に立てることを十分に保障するというものである。

ではなぜこれが「資本主義システムの根幹にさかのぼった社会化」となるのか。

近代的な理念においては、この社会は「独立した均質な個人」によって成り立つものであり、そうした個人が(契約を通じて)社会を構成する。近代の歴史の一幕から生成した「福祉国家」もまた同様の社会観を共有し、したがって福祉国家の基本は、個人が市場経済の中で自由な経済活動を行うことを前提としたうえで、そこから(格差などの問題が生じた場合に)事後的に修正を加えるというものだった。

しかしこうした社会観において意外にも抜け落ちているのは、現実の社会においては、個人は〝裸の個人〟として均等に世の中に生まれ出るのではなく、家族あるいは家系というものが存在し、そうしたいわば世代間の継承性の中においてこそ個人は存在するという(ある意味で当然の)事実なのである。

したがって、こうした世代を通じた継承性(親から子へのバトンタッチ)の部分に何からの形で〝社会的な介入〟を行わなければ、あるいは「相続」という私的な営みに関して何らかの再分配ないし社会化を行わなければ、前の世代の個人に関して生じた「格差」はそのまま次の世代に継承されていくことになる。

根本的な問いは、これをそもそも是とみるか非と見るかである。このテーマは基本的な人間観あるいは社会観に関わるもので、ひとつの正しい答えがあるというものではないが、ポイントになるのは、**社会を構成する基本的な〝単位(ユニット)〟を「個人」と見るか「家族(ないし家系)」と見るか**という点にあるだろう。

## 個人の「機会の平等」と自由主義・社会主義

つまり前者であれば、個人は生まれ育つ段階でできる限り平等な環境に置かれ、「個人の機会の平等」が確保されるべきという考えになるし、後者であれば、むしろ親が成し遂げた成果ないし遺産をその子どもが享受し引き継ぐのは当然であり、このことこそ侵害されたり政府によって介入されたりすべきではない、という考えになるだろう。

先ほど確認したように、近代的な理念は本来的には「個人」を基本的な社会の単位と考えるので、単純に言えば前者のような方向に傾くのであるが、しかし実際には、**相続あるいは親から子への継承性という点は、最後までもっとも〝私的〟な領域として残され**、公的な関与は(相続税といった制度は一定あるもののそれは限られた範囲にとどまり)ミニマムなものに抑えられたのである。

しかしながら、ある意味でそうした対応の帰結として、現実には次第に「**格差の相続ないし累積(あるいは貧困の連鎖)**」という点が無視できない形で浮上するに至っているのが現在である。近年日本でも様々に論じられるようになった「子どもの貧困」問題や、大学進学率と親の所得が相関している(生まれた家の所得が高いほど大学進学率が高い)といった事実もこうした点と関連している。したがってこの点に関する公的介入あるいは再分配を強めてこそ、「機会の平等」が保障され、同時に(各個人に均等に〝チャンス〟が保障されるという意味において)社会や経済の活性化にもつながるという視点が重要となる。

ここでおもしろいのは次のような点である。拙著でも以前論じた内容だが(広井(二〇〇一))、それぞれの個人が、人生の初期において〝共通のスタートライン〟に立つことができ、上記のように均等な〝チャンス〟が与えられるべきというのは、それ自体としては「自由主義」的あるいは「資本主義」的と呼べる理念であるだろう。しかし、現実にそうした状況を実現するには、市場経済ないし資本主義システムを〝放任〟していては果たせず――それではむしろ格差の相続や累積が生じる――、ここで論じているような相続の一定の社会化や人生前半の社会保障の強化といった政策対応が重要となる。

つまり、**個人の「チャンスの保障」という、それ自体は資本主義的な理念を実現するために、**

**ある意味で社会主義的とも言える対応が必要になる**という、根本的なパラドックスがここには存在している。言い換えれば、逆説的にも**個人の「自由」の保障は〝自由放任〟によっては実現せず**、むしろそれは積極的あるいは社会的に「作って」いくものなのである。

## 人生前半の社会保障と世代間配分

いま論じている「人生前半の社会保障」について、もう少し具体的なレベルでの補足をしておこう。基本的な事実関係として、**図7・2**に示されるように、日本においては「人生前半の社会保障」が国際的に見ても非常に低い水準になっている。

また「教育」は人生前半の社会保障としてきわめて重要な役割を担っているが、GDPに占める公的教育支出の割合を国際比較すると、一位のデンマーク（七・五％）のほかノルウェー、アイスランド等北欧諸国が上位を占める一方、日本のそれは三・六％で、先進国（OECD加盟国）中で最下位という状況が五年連続で続いている（OECD加盟国平均は五・三％）。

特に日本の場合、小学校入学前の就学前教育と、大学など高等教育における私費負担の割合が高いことが特徴的で、これは「機会の平等」を大きく損なう要因になっているだろう（就学前教育における私費負担割合は五五％（OECD加盟国平均は一九％）、高等教育における私費負担割合は六六％（ＯＥＣＤ平均は三一％）。（以上二〇一一年のデータ。OECD, *Education at a Glance 2014* より））。

　戦後の日本を振り返った場合、戦後まもない時期に（占領軍の主導によって）行われた大きな改革は「農地改革（すなわち土地の再分配）」と「中学校教育の義務化」だったわけだが、実はこの二つは、いずれもここで論じている人生の初期における〝共通のスタートライン〟を強力に実現させる性格のものだった（前者の農地改革はこの後でふれる「ストック（資産）の再分配」にも関わる。以上につき広井（二〇〇九ａ）参照）。

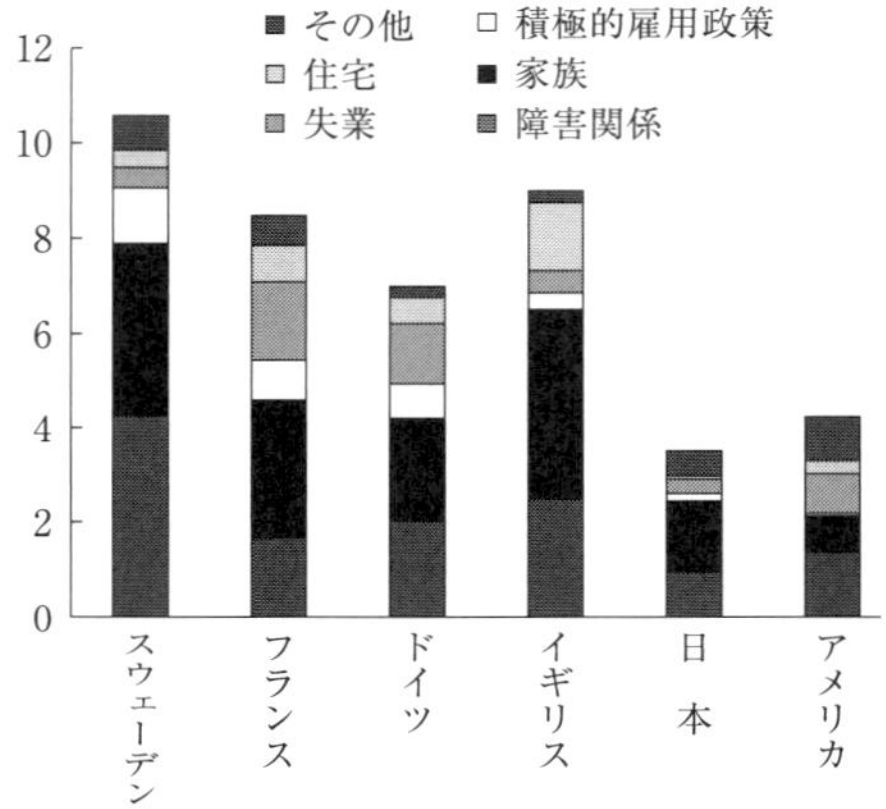


（出所）OECD, Social Expenditure Database より作成.

**図 7・2**　「人生前半の社会保障」の国際比較（対 GDP 比％，2011 年）

　現時点で振り返ると、こうしたドラスティックな改革があったからこそ、個人の機会の平等が保障され、かつそれがその後の経済発展につながったと考えられるのだが、同じようなシステムが長きにわたって継続する中で、格差の累積や〝世襲〟的な性格が強まっているのが現在の日本社会だろう。日本社会は、いわば放っておくと〝固まりやすい〟社会であり、後にあらためて整理するが、相続税などを強化し、それを教育を含めた「人生前半の社会保障」に充当するといった政策を進めていく必要がある。

**表7・1**　社会保障支出の国際比較（対GDP比%，2011年）――日本や南欧は年金の比重が大きい――

| | | 高齢者関係（年金） | 社会保障全体 |
|---|---|---|---|
| 北欧 | スウェーデン | 9.4 | 27.2 |
| | デンマーク | 8.4 | 30.1 |
| 大陸ヨーロッパ | フランス | 12.5 | 31.4 |
| | ドイツ | 8.6 | 25.5 |
| | オランダ | 6.2 | 23.5 |
| アングロサクソン | イギリス | 6.1 | 22.7 |
| | アメリカ | 6.0 | 19.0 |
| 南欧 | イタリア | 13.4 | 27.5 |
| | ギリシャ | 12.3 | 25.7 |
| | スペイン | 8.9 | 26.8 |
| | 日本 | 10.4 | 23.1 |

一方、人生前半の社会保障という話題に関しては、もう一つ無視できない重要な論点がある。それは(社会保障等の)「世代間の配分」のあり方というテーマだ。

これについては、まず**表7・1**を見ていただきたい。これは社会保障支出の全体の規模と、そのうち高齢者関係の支出(ここでは年金)の規模とをそれぞれ国際比較したものだが、いくつかの特徴的な点が浮かび上がる。

注目すべきは、日本は社会保障全体の規模はこれらの国々の中でもっとも「小さい」部類に入るのに対し、高齢者関係支出(年金)の規模はもっとも大きいという点である。

この点は、たとえば日本とデンマークを比べると顕著であり、社会保障全体の規模はデンマークが日本の一・五倍近くあるのに対し、高齢者関係支出(年金)は日本のほうがデンマークよりも大きくなっている。またデンマークに限らず、スウェーデン、フィンランドなどの北欧諸国は、社会保障全体の規模は日本よりずっと大きいが、意外にも年金の規模については日本よりも小さい。逆に言えば、これらの国々では、高齢者関係以外の社会保障(子ども関係、若者支援、雇用、住宅など)がきわめて手厚くなっているのである。

皮肉なことに、表にも示されているように、**日本と似た構造にあるのはギリシャやイタリアなどの南欧諸国であり、これらの国々は社会保障全体の規模は相対的に低いが、年金の規模は大きいという特徴がある**。そしてギリシャの経済危機(二〇一〇年〜)の主要な背景の一つが年金問題にあったことは記憶に新しい。

## 年金制度と世代内・世代間公平

このように見ていくと、日本の場合、社会保障の世代間配分にかなりの偏りないしゆがみが生じており、大きくは高齢者関係から「人生前半の社会保障」への配分のシフトを行う必要がある。ただし、ここには次のようなもう少し複雑な要素が含まれている。

それは、年金あるいは高齢者と一口に言っても、高齢者の間で相当な違いがあり、この点を見逃してはいけないという点である。端的に言えば、現在の日本の年金制度では、高齢者への給付において〝**「過剰」と「過小」の共存**〟という状況が生まれている。

つまり一方では、高齢者のうち比較的高所得層が（高所得者であるがゆえにそれに応じて）相当な額の年金を受給しているかと思うと、他方では、国民年金ないし基礎年金は満額（四〇年加入）で約六万五千円（二〇一五年度）だが、現実にはたとえば女性の平均受給額は四万円台で、それより低い層も多く存在し、実際六五歳以上の女性の「（相対的）貧困率」は約二割で、単身者では五二％に上るという事実がある（二〇〇九年の内閣府集計）。

このように、一方で「過剰」とも言うべき年金給付があり、他方で〝本当に必要な層〟に十分な年金給付がなされていないというのが日本の現状である（ちなみに日本の社会保障給付は二〇一二年度で一〇八・六兆円だが、うち年金給付は全体の約半分（四九・七％）を占め五四・〇兆円にのぼる）。

ではなぜこのような事態が生じるかというと、それは現在の日本の年金制度が、「報酬比例」と呼ばれる部分を多くもち（厚生年金の〝二階〟と呼ばれる部分）、この部分は制度の性格それ自体が「高い所得の者ほど高い年金をもらえる」という仕組みになっているからである。しかも日本の年金制度は実質的に賦課方式(高齢者への年金給付を現役世代の拠出する保険料で賄う)なので、その負担を現役世代に求める形になる。

逆に、基礎年金は(基礎的な生活を保障するという)性格からすると本来は税によって賄うべきだが、それが実現しておらず(半分が保険料)、上記のように低所得層ほど十分な年金が支給されないという状況が生じることになる。

全体として、日本の年金は「世代内」および「世代間」の双方において、ある意味で〝**逆進的**〟な、つまり「格差をむしろ増大させる」ような制度になってしまっている。

これに対し、先ほど日本とデンマークの対比を行ったが、デンマークの場合、日本とは逆に年金制度はむしろ「基礎年金」が中心で(財源はすべて税)、その部分は比較的手厚くかつ平等で、逆に報酬比例部分はきわめて限定的である。そのため低所得者への保障はしっかりなされる一方、年金全体の給付規模は日本よりも小さいという、正反対の状況が生まれるのだ。

私は、そもそも公的年金の基本的な役割は、高齢者に一定以上の生活を平等に保障するという点にあるべきと考える。だとすれば大きな方向性として、(デンマークがそうであるように)基礎年金を税によって手厚くし、逆に報酬比例部分はスリム化していくという改革を行っていくべきではないか。このことが、高齢者の間での「世代内公平」とともに、若い世代ないし現役世代との関係における「世代間公平」にも資すると考えられる。

具体的に言えば、相続税のほか、（高所得高齢者の）報酬比例部分に関する年金課税を強化し、その税収を「人生前半の社会保障」にあてるといった政策を今後進めていくことを提案したい。こうした政策を通じ、上記のように年間五〇兆円を超え、さらに着実に増加している年金給付のうち、たとえば報酬比例部分に関する二、三兆円を若者や子ども関連の支援に再配分することで、大きな意義があると考えられるのである。

## 「ストックの社会保障」と再分配

資本主義の進化の帰結として今後展開していくべき「システムの根幹にさかのぼった社会化」の第一の柱として、人生前半の社会保障等を通じた、人生における〝共通のスタートライン〟の保障という論点について述べたが、第二の柱として挙げた「ストックの社会保障」あるいは資産の再分配（土地・住宅、金融資産等）についてはどうか。

このテーマについては最近の拙著の中で様々な角度から論じてきたので（広井（二〇〇九ｂ）、同（二〇一二））、ここでは簡潔にふれるにとどめたいが、これは他でもなく、二〇一三年にフランスの経済学者トマ・ピケティが公刊し、翌二〇一四年に英訳されて大きな話題となった著作『二一世紀の資本(Capital in the Twenty-First Century)』の中心テーマと重なるものだ(Piketty (2014))。日本でも昨年(二〇一四年)末に翻訳版が刊行され、半ば流行のようになっている。

上記の拙著(『コミュニティを問いなおす』)で私が論じたのは次のような点だった。すなわち、GDPが急速な拡大・成長を続ける時代——典型的には第2章で〝資本主義の黄金時代〟として示した一九四〇年代後半〜一九六〇年代頃など——においては、GDPつまり「フロー」の増加が顕著であるので、そのぶん「ストック」つまり土地や金融資産などの比重は相対的に低くなる。ところが私たちが現在迎えている経済の成熟期あるいは「定常型社会」においては、フローの増加はきわめて小さくなるため、ストックのもつ意味が相対的に大きくなり、特にその「格差」や「分配」のあり方が社会にとっての大きな課題となる。

日本で格差をめぐるテーマが議論される場合、それは概して「所得」つまりフローの格差に関するものである。しかしながら、実は**そうした格差がより大きいのは他でもなく「ストック」あるいは資産(金融資産や土地・住宅)に関する格差であり**、実際、格差の度合いを示すいわゆるジニ係数を見ると、**年間収入(二人以上の一般世帯)のジニ係数が〇・三一一であるのに対し、貯蓄におけるそれは〇・五七一、住宅・宅地資産額におけるそれは〇・五七九となってお**

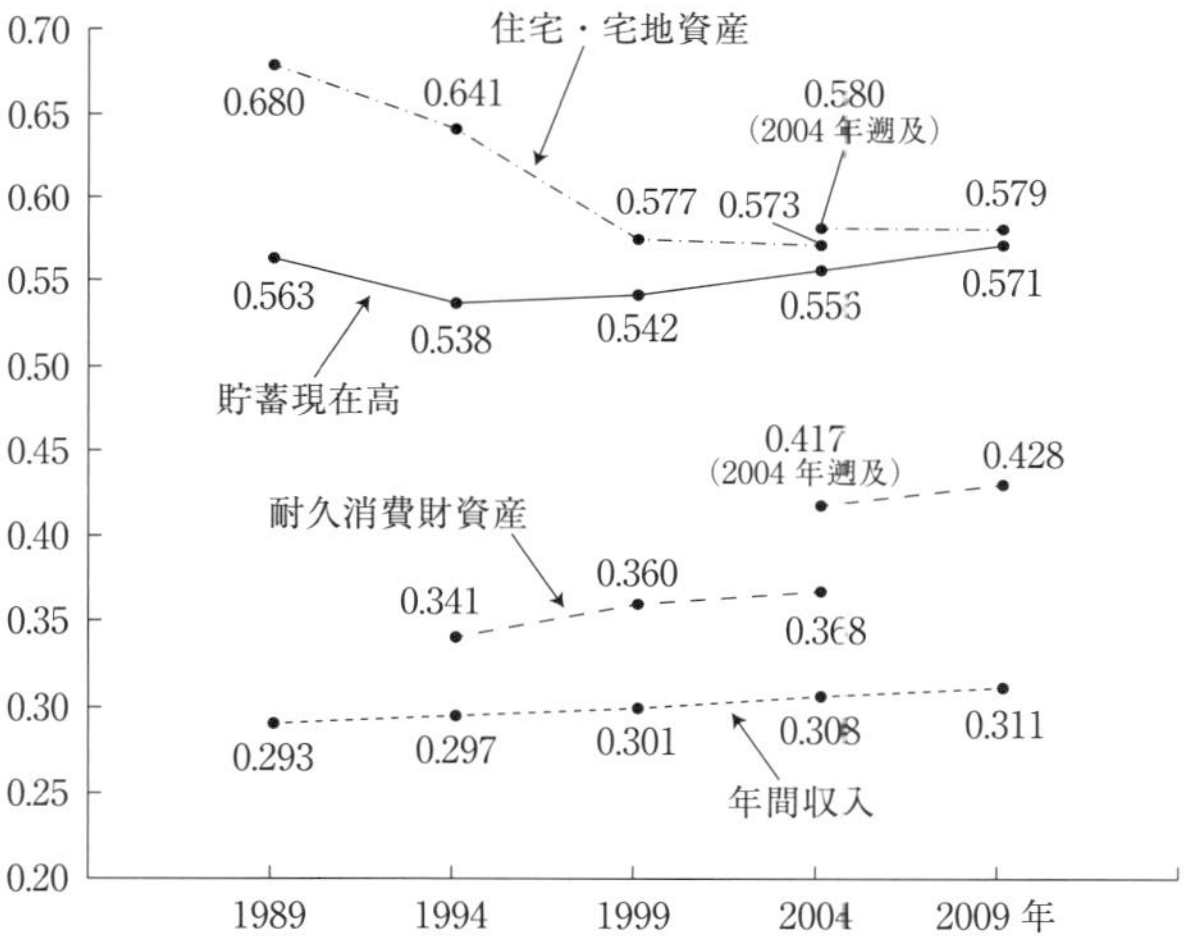


(出所)　総務省統計局：平成21年全国消費実態調査

**図7・3**　所得と資産をめぐる経済格差(ジニ係数)の動向：所得の格差より住宅・土地・貯蓄の格差のほうが大

**り**(全国消費実態調査(二〇〇九年))、所得よりむしろ金融資産や土地等の格差のほうがずっと大きいのである(**図7・3**)。

　思えばストックないし資産はフローないし所得が〝累積〟していった結果であるので、以上の点はある意味で十分想像できる事態であり、またこの場合の〝累積〟には先ほど論じた親から子への相続を通じた世代的な継承も含まれる。そして、こうした「ストック」ないし資産をめぐる領域は、先ほど論じた「相続」と同様に近代資本主義または福祉国家にとってのいわば〝盲点〟であって、もっとも私的な領域として残され、公的な介入の外に置かれていた。

実際、これまでの福祉国家あるいは社会保障は、「フロー」の再分配（所得再分配）を基本的な任務としてきたのである。年金制度もそうであり、医療や福祉サービス、失業保険、生活保護なども「フロー」に関するものである。なお例外的に、「公的住宅」はストックに関する社会保障だが、日本ではこの領域はヨーロッパに比べてきわめて未発達で、住宅全体に占める公的住宅の割合は低く、加えて「小泉改革」以降そうした公的住宅はさらに削減されてきた（この話題について詳しくは広井（二〇〇九b）参照）。

しかしながら、上記のように現在のような成熟化ないし定常化社会においては、フローの増加がほとんど見られなくなる分、こうした「ストック」あるいは資産の分配・再分配ということが社会全体にとっての課題となり、いわば「**ストックの社会保障**」という新たな発想や対応が重要になってくる。

## 「資本主義の中心的矛盾」？

そしてこれは、まさにここで論じている、資本主義というシステムの根幹にさかのぼった社会化というテーマと重なることになる。なぜなら、ストックないし資産を「私」の領域に委ねるか、それに一定の公的な規制や公的所有という対応を導入するかが、資本主義と社会主義のもっとも基本的な分岐点と考えられてきたからだ。

これが特に顕著なのが土地所有に関してだろう。ただしこの点も注意が必要で、土地の大半が私的所有である日本やアメリカに対し、ヨーロッパの場合は土地における公的所有の割合が相対的に大きく、特に北欧などは、たとえばヘルシンキ市では土地の六五％が市有地（国有地も含めると七五％）であったり、ストックホルム市では土地の七〇％が市有地であったりするなど、実は「土地公有」が一般的であり、ストックないし資産についてもかなりの「社会化」が行われているのだ（日笠（一九八五）、日端（二〇〇八）、広井（二〇〇九ｂ）参照）。

いずれにしても、今後は以上のような認識を踏まえて、資産の再分配あるいは「ストックの社会保障」という観点からの対応が重要であり、具体的には、住宅保障の強化や土地所有のあり方の再吟味（公有地ないし「コモンズ（共有地）」の強化や積極的活用）、そして金融資産・土地課税の強化とそれによるストックの再分配や社会保障への充当が新たな課題になる。

話題を広げれば、以上のうち土地・住宅の公有・共有については近年様々な形で展開している〝シェア（ないしシェア経済）〟をめぐる議論ともつながるだろう（三浦（二〇一一））。

こうしたテーマに関し、先ほどふれたピケティの『二一世紀の資本』において、「資本主義の中心的な矛盾（central contradiction of capitalism）」として指摘されているのが「r＞g」という事実、つまり「r（土地や金融資産等の資産から得られる平均的なリターン）」のほうが「g（経済の成長率または所得の増加率）」よりも大きいという点である。

要するに、労働によって得られる賃金よりも、所有する資産を運用して得られる（〝不労〟の）収益のほうが大きいという点であり、こうした指摘の根拠として、ピケティはたとえば次のような事実を示している。それはドイツ、フランス、イギリスの三か国について、「私的な資産の総額が国民所得全体に対して占める割合」の推移を見た場合、一九一〇年から一九五〇年にかけて減少し、そこから再び増加するという、一種の〝U字カーブ〟を示しているという点だ。

この増加局面の背景についてピケティは、「相対的な低成長レジームへの回帰」によるものとし、「経済成長の速度が弱まる時代においては、自ずと過去の資産が不均等に大きな重要性をもつに至る」と述べている。そしてこうした状況では、「起業家は金利生活者（rentier）に転身するのが不可避となる」と彼は論じる（注：rentier はもとフランス語で「不労所得生活者」という意味でもある）。

起業家がいなくなるのは資本主義の終焉ないし自殺行為といえるだろう。それを回避するために、「資産の再分配」という、ここで論じている「資本主義のもっとも根幹にさかのぼった社会化」が要請される。つまり**資本主義的な理念を存続させるために、社会主義的な対応が必要になる**という、このパラドキシカルな構造は、先ほどの「人生前半の社会保障」と機会の平等をめぐる議論と同質のものだ。

あるいは、ここでもう一度、第1章で取り上げたブローデルの「資本主義と市場経済は対立する」、「資本主義は「反 - 市場」である」という議論を思い出すならば、ピケティの論を含め、ここで述べている方向は、いわば〝**資本主義(の抑圧)から市場経済あるいは個人の自由を守る**〟ことと言えるかもしれない。

第3章の終わりで、経済学者の西部忠が、サブプライム・ローンのような商品を売りまくった金融機関を「システミック・リスク」の名のもとに救済するような現在の資本主義のあり方を(「自由競争」や「自己責任」原則自体が否定されているという意味で)「資本主義の自己矛盾」と論じている議論にふれた。これらはいずれもブローデル的な「資本主義と市場経済の対立」の異なる局面ではないだろうか。

## 〝富の源泉〟と税の意味――資本主義・社会主義・エコロジーの交差

ところで、ピケティの言葉の中に「相対的な低成長レジームへの回帰」という表現が出てきたが、「ストック」のもつ比重が大きくなるという状況は、まったく未知の領域への移行というよりは、高度成長の時代(ないし急速な工業化の時代)よりも前の時代への回帰という側面をもっており、実はこの点は、(富の再分配のもっとも重要なツールの一つとしての)「税」のあり方とも深く関連している。

この話題もこれまで拙著で繰り返し論じてきた点なので簡潔な指摘にとどめたいが(広井(二〇〇六)、同(二〇一三)など)、興味深いことにもともと日本の場合、明治期を通じて税収の最大部分は「地租」、すなわち土地に対する課税だった(明治一〇年度で税収全体の実に八二%)。

これはなぜかを考えてみると、およそ税というものは上記のように「富の再分配」の主要なツールであるので、当然ながら、その時代におけるいわば〝富の源泉〟にかけられることになる。そして、工業化が本格化する以前の農業中心の時代においては、〝富の源泉〟は圧倒的に「土地」であり、そうであるがゆえに土地に対する課税が税の中心部分を占めていたのである。

やがて工業化社会となり、企業等による生産活動が〝富の源泉〟になると、所得税そして法人税が税収の中心を占めるようになり(いわば産業化社会・前期)、実際、日本でも大正期半ばに所得税が地租に代わって税収の一位となった。さらに時代が進むと、モノ不足の時代が終わり、消費社会つまり生産(供給)よりも消費(需要)が経済を駆動ないし規定する主要因となり、

| | | |
|---|---|---|
| 前産業化社会 | 土　　地 | →地租など |
| | ↓ | |
| 産業化社会・前期 | 労働(〜所得) | →所得税・法人税 |
| | ↓ | |
| 同・後期(消費社会) | 消　　費 | →消費税 |
| | ↓ | |
| ポスト工業化〜定常型社会 | 資産，相続(ストック) | →相続税・資産課税等 |
| | 自然資源消費・環境負荷 | →環境税(ないし土地課税) |

**図 7・4**　経済社会システムの進化と“富の源泉”および税制

また高齢化という要素も加わって(所得のない退職者も一定の税を負担する)消費税が表舞台に出てくる(産業化社会・後期)。消費税を最初に導入したのは一九六九年のフランスだった。

しかし現在では、本章で論じてきたように、経済が成熟・飽和していく中で「ストック」の重要性が再び大きくなっていくとともに、環境・資源制約やその有限性が顕在化し、環境ないし自然という究極の〝富の源泉〟が認識されるようになる。ここにおいて、ストック(資産)に関する課税や、先ほど「労働生産性から環境効率性」のところでも取り上げた環境税(さらに自然ストックとして重要な土地課税)が新たな文脈で重要になり、かつその「分配(再分配)」のあり方が大きなテーマとなるのだ。

ちなみにエコロジー的な流れに属するイギリスの経済思想家ロバートソンは、「共有資源(common resources)への課税」という考えのもと、土地やエネルギー等への課税の重要性を論じている。彼は「人間が加えた価値」よりも「人間が引き出した価値」に対して課税するという興味深い議論を行っているが、そこにあるのは、〝富の源泉〟は人間の労働や活動よりもまず自然そのものであるという、根本的な認識のシフトだ（ロバートソン（一九九九）、Fitzpatrick and Cahill（2002））。

マルクス的な労働価値説とは異なる、いわば「**自然価値説**」とも呼べるような世界観と言えるだろう。つまり自然資源は本来人類の共有の財産であるから、それを使って利益を得ている者は、いわばその〝使用料〟を「税」として払うべきといった理解である。労働や生産への課税ではなく、人間が自然を使うことへの課税という発想。これは本章で述べている「資本主義・社会主義・エコロジーのクロス・オーバー」というテーマ——資本主義の社会化が進み、しかもそれが資源・環境制約の顕在化と需要の成熟・飽和という状況を背景に展開するという構造——とつながる、税そして〝富の源泉〟についての究極的な理解の仕方であるだろう。

以上の概要をまとめたのが**図7・4**であり、こうした把握は、ここで論じてきた資本主義の進化に関する視点——資本主義というシステムが、その修正をシステムの「周辺」部分から「根幹」部分に向けて順次行ってきたという議論——とも呼応している。

# 第8章　コミュニティ経済

## 二つの座標軸

ここまで、資本主義の進化という観点をベースに、特に「資本主義の根幹にさかのぼった社会化」という方向性に注目し、(1)人生前半の社会保障等を通じた「機会の平等」の保障や、(2)「ストックの再分配」という新たな課題について論じてきた。

けれども、そうした議論においてなお抜け落ちている、しかしこれからの社会の構想においてきわめて本質的な意味をもつテーマがある。それが「コミュニティ」と「ローカル」という二つのテーマないし視点だ。

やや概念的な議論になるが、最初に**表8・1**を見ていただきたい。

ここで左から右に並んでいるのは「ローカル―ナショナル―グローバル」という、いわば空間に関する軸であり、上から下に並んでいるのは、

•「共」的原理(互酬性)～コミュニティ

表8・1　「公—共—私」とローカル—ナショナル—グローバルをめぐる構造

| | 地域（ローカル） | 国家（ナショナル） | 地球（グローバル） |
|---|---|---|---|
| 「共」の原理（互酬性）～コミュニティ | 地域コミュニティ | 国家というコミュニティ（“大きな共同体”としての国家） | 「地球共同体」ないし“グローバル・ヴィレッジ” |
| 「公」の原理（再分配）～政府 | 地方政府 | 中央政府（“公共性の担い手”としての国家） | 世界政府 cf. 地球レベルの福祉国家 |
| 「私」の原理（交換）～市場 | 地域経済 | 国内市場ないし「国民経済 national economy」 | 世界市場 |

（注）
第1ステップ：［網掛け］……（近代的モデルにおける）本来の主要要素
第2ステップ：［破線枠］……現実の主要要素＝国家（～ナショナリズム）
←産業化
第3ステップ：世界市場への収斂とその支配　←金融化・情報化
今後：　各レベルにおける「公—共—私」の総合化＆ローカルからの出発　←定常化（ないしポスト金融化・情報化）

•「公」的原理（再分配）～政府
•「私」的原理（交換）　～市場

という、社会を構成する主体あるいは人と人との関係性に関する三つの原理に関わる軸となっている。

この場合、括弧に入れている「互酬性」「再分配」「交換」の三つは、経済思想家のポランニーが人間の経済行為の三つの基本類型として提示したもので（ポランニー（一九七五））、「互酬性」がコミュニティ（共同体）に対応し、「再分配」が政府に対応し、「交換」が市場に対応しているのは比較的見えやすいところだろう。

さて、ここで考えてみたいのは、

いま述べている「公―共―私」の三者が、先ほどの「ローカル―ナショナル―グローバル」という空間軸とどう関わるかという点だ。

まず一般的には、

- 「共」～コミュニティ　↓ローカル
- 「公」～政府　↓ナショナル
- 「私」～市場　↓グローバル

という対応が考えやすいだろう。つまり、①互酬性ないし相互扶助を原理とするコミュニティは、その性格からして本来的には（いわば〝顔の見える〟関係性の舞台である）「ローカル」と結びつきやすく、②再分配を原理とする政府ないし「公」は、そうした個々のローカルな（地域）コミュニティの一段上のレベル（＝ナショナル）にあって、まさにそれら地域間の再分配を行うものであり、③他方、交換を基調とする「市場」は、その本来の性格からして一つの地域コミュニティや国家の内側にとどまるものでなく、そうした〝境界〟を超えて展開するものであり、自ずと「グローバル」（＝世界市場）に行きつくという理解である。

しかしながら、第2章で論じた内容ともつながるが、現実の歴史においては、次のような意味で事態は必ずしも以上のようには展開しなかった。

すなわち、一六世紀前後から(第2章でふれたプロト工業化という初期的な工業化と重商主義を通じた)資本主義の展開、そして産業革命期以降の本格的な産業化ないし工業化をリードしてきたイギリスの例に象徴的に示されるように、そこで生じたのは、〝「共」的な原理(コミュニティ)も、「公」的な原理(政府)も、「私」的な原理(市場)も、**すべてがナショナル・レベル=国家に集約される**〟という事態だったのである。

## 「国民国家/国民経済」の意味

どういうことかと言うと、まず「共」的な原理(コミュニティ)については、「〝大きな共同体〟としての国家(=国民国家)」という発想あるいは観念が強固なものとなり、つまりコミュニティというものの主要な〝単位〟が、ローカルな共同体を超えてむしろナショナルな次元に集約されていった(なぜそうなったかの理由はすぐ後で考えたい)。

ちなみに経済学者の村上泰亮は、「コモンウェルス」という観念とともにこの種の国民意識がイギリスにおいて先駆的に形成された過程を論じつつ、「イギリスは明らかに他に先駆けて国民国家となり、一六世紀にはイギリス人は国という存在を疑うことがなくなっていた。スペイン、フランス、ドイツ、オーストリア等々において、一六世紀にこの種の意識をもっていた国はみあたらない」と述べている（村上（一九九二））。

一方、「公」的な機能（再分配の主体としての政府）は自ずとナショナル・レベルが中心となり（たとえば救貧法の制定）、さらに「私」的な原理としての「市場」についても、先ほど論じたような（その本来の姿としての）「世界市場」は部分的にしか成立せず、むしろ国内市場あるいは「**国民経済**（national economy）」という意識あるいは実体が前面に出ることになり、国家がそれぞれの領域内の市場経済を様々な形でコントロールすることになった（貿易の管理を含む）。これは本来的には〝国境〟を有しないはずの市場が、国家という主体によって、共同体（＝国家というコミュニティ）ごとに〝区切られた〟と見ることもできるだろうし、同時にそれは「経済ナショナリズム」の形成ともつながっていた。

以上の点について、歴史家ブローデルは次のように印象深く記している。

「ヨーロッパにおける世界＝経済の推移については、代わる代わるに世界＝経済を生みだし活気づかせてきた「中心」をテーマにして、すべて述べた。そこで一つ指摘しておかねばならないのは、一七五〇年代に至るまで、こうした支配的な中心はいつも、都市であり、都市国家であったということである。アムステルダム、一八世紀半ばまで経済の世界を支配していたアムステルダムは、最後の都市国家であり、歴史上最後のポリスであったと言っていいだろう。

……だが、啓蒙の世紀（引用者注：一八世紀）の半ばから、新しい時代が幕を開ける。新たな支配者、ロンドンは、都市国家ではなく、イギリス諸島の首都であり、その資格において、強大な国民市場の力を付与されていたのであった」「国民経済とは、物質生活の必然性と改革に促されて、国家によって統合され、一つのまとまった経済空間とされた政治空間のことであり、そこでの活動は全体として同じ一つの方向に向かうことになる。イギリスだけが早くからこうした方向を進んでいた」（ブローデル〔二〇〇九〕、傍点引用者）

つまり、「市場経済プラス拡大・成長」としての資本主義を当初において牽引したのは（国民）国家であり、中央集権的な統率によってそれは強力に〝同じ一つの方向〟に推進された。イギリスがそれに先駆し、やや遅れてフランスが続き、植民地支配にも乗り出したが、むしろ「ローカル」な分権性が強かった国々――イタリア、ドイツ、そして日本もこれに該当する――は〝出遅れる〟ことになった一方で、そうした「世界資本主義の勃興」レースに追いつくべく、思想面を含めて突貫工事のように国家の統制を強化していき、そのぶん多くの矛盾を生んでいった。

ちなみに裏返して言えば、それ以前の中世という時代においては国家の力や影響力は概して弱く、社会構造も分権的ないし分散的であり、それが第3章で言及した「新しい中世」論とも呼応することになる。

## 経済構造の変化と「最適な空間的ユニット」の変容

いずれにしても、以上のようにして、「共」的な原理(コミュニティ)、「公」的な原理(政府)、「私」的な原理(市場)のいずれもがナショナル・レベルに集約されていったのが、近代資本主義とりわけ産業化(工業化)の時代以降の展開だった。

ではなぜそのようになったのか。これには経済的・政治的・文化的等々の各方面にわたる無数の要因が働いていたと言うべきだろうが、意外に十分認識されていない、次のような重要な要因があったのではないか。

それは、この時代の構造を基本において規定していた「産業化(工業化)」という現象のいわば〝**空間的な広がり**(ないし空間的ユニット)〟が、それまでの(農業時代の)「ローカル」な地域単位よりは大きく、しかしグローバル(地球)よりは狭い、という性格のものだったという点である。

これは取り立てて難しいことを言っているものではなく、むしろ単純な事実関係に関するものだ。つまり農業生産であれば大方は比較的小規模のローカルな地域単位で完結するものだが、産業化(工業化)以降の段階を考えると、たとえば鉄道の敷設、道路網の整備、工場や発電所・ダム等の配置等々、その多くはローカルな空間単位を超えた計画や投資を必要とするものであり、そのいわば「**経済の最適な空間的ユニット**」として浮かび上がるのはナショナル・レベルとなるだろう。逆に、それらは(金融市場のように)グローバルというほどの空間的広がりを持つものではない。

このような「産業化(工業化)」という現象ないし構造変化のもつ空間的性格(ないし空間的な射程)が、この時代における「『公・共・私』のいずれもがナショナル・レベル=国家に集約される」という状況を生んだ基本的な要因の一つとして指摘できるのではないだろうか。

## 金融化・情報化とその先

そして時代はやがて「金融化=情報化」の時代へと入っていく。ここではナショナル・レベルという、なお一定の地域的・空間的範囲にとどまっていた工業化の時代からさらに根本的な変容が生じ、文字通りあらゆる国境ないし境界を越えた「世界市場」が成立していく。これは市場というものが本来的に行き着く姿であると同時に、経済構造の変化と、第3章で論じたような情報関連テクノロジーの発展を背景として、経済の「**最適な空間的ユニット**」**が**(**産業化**

**時代から変化して)グローバル・レベルに移った**ということを意味するだろう。

他方で、「共」的原理(コミュニティ)や「公」的原理(政府)に関しては、グローバル・レベルでのそうした意識や実体——〝地球共同体〟〝グローバル・ヴィレッジ〟といった意識や世界政府など——はなおきわめて脆弱か不在である。したがってその帰結として、「すべてが「世界市場」に収斂し、それが支配的な存在となる」という状況が八〇・九〇年代から進んできた事態に他ならない(先の**表8・1**を再び参照)。

では今後はどう展望されるのか。これからの時代(=「ポスト情報化・金融化」あるいは定常化の時代)の基本的な方向として、

(1)各レベルにおける「公—共—私」の総合化

(2)ローカル・レベルからの出発

という二点が重要となると考えられるだろう。

このうち(1)は、「世界市場」(つまり「グローバル」と「市場」の組み合わせ)が強力になっている現在のような状況から、各レベルつまりローカル—ナショナル—グローバルというレベルの各々において、「共(コミュニティ)—公(政府)—私(市場)」という三者それぞれの確立と総合化を進めていくというものである。

(2)は、そうした点を踏まえた上で、各レベル相互の関係としては、あくまでローカル・レベルから出発し、その基盤の上にナショナル、(リージョナル、)グローバルといったレベルでの政策対応やガバナンス構造を積み上げていくという方向である。

なぜそうなのか。ポスト産業化そしてさらにその先に展開しつつあるポスト情報化・金融化そして定常化の時代においては、第6章で述べた、いわば「時間の消費」と呼びうるような、コミュニティや自然等に関する、現在充足的な志向をもった人々の欲求が新たに展開し、福祉、環境、まちづくり、文化等に関する領域が大きく発展していくことになる。これらの領域はその内容からして**ローカルなコミュニティに基盤をおく**性格のものであり、(工業化の時代におけるナショナル・レベルのインフラ整備や、金融化の時代の世界市場での金融取引等と異なり)その「最適な空間的ユニット」は、他でもなくローカルなレベルにあると考えられるからである。

しかも重要なことに、こうした構造変化は、第I部で考察したように近代科学成立以降、科学の基本コンセプトが「物質(ないし力)」→エネルギー→「情報」と変遷してきた上で、さらに次の段階としての「生命(life)」に移行しつつあるという、根本的な変化とも対応している。第3章でも論じたように、科学もまた「**ポスト情報化**」の時代に移行しつつある。

そしてこれは第Ⅱ部での議論とつながるが、そこでの「生命」は、機械論的に把握された受動的な性格のものではなく、いわば内発的あるいは創発的な性格のものであり、加えて英語の「life」が「生命」と同時に「生活」という意味をも担っているように、それはもともとローカルなコミュニティや自然に根差した性格のものであるはずである。このように生命や自然の内発性というテーマと、ローカル・レベルから出発する地域の「内発的発展」という課題は、異なる位相のものではあるが深い次元で通底していると言えるだろう(この話題に関して鶴見・中村(二〇一三)参照)。

第3章の終わりで、(そこでの**図3・1**にそくして)市場経済の領域を、その土台にあるコミュニティや自然に〝着陸〟させていくというビジョンについて述べたが、ここで論じている方向性は、そうした本書のこれまでの議論と呼応するものである。

## ローカライゼーションあるいは〝地域への着陸〟

以上のことを、日本での展開にそくしてもう少し具体的に確認してみよう。

**図8・1**は、明治以降の日本における様々な社会資本の整備を見たもので、鉄道や道路などの社会資本が、徐々に普及しやがて成熟段階に達するという「S字カーブ」として示されてい

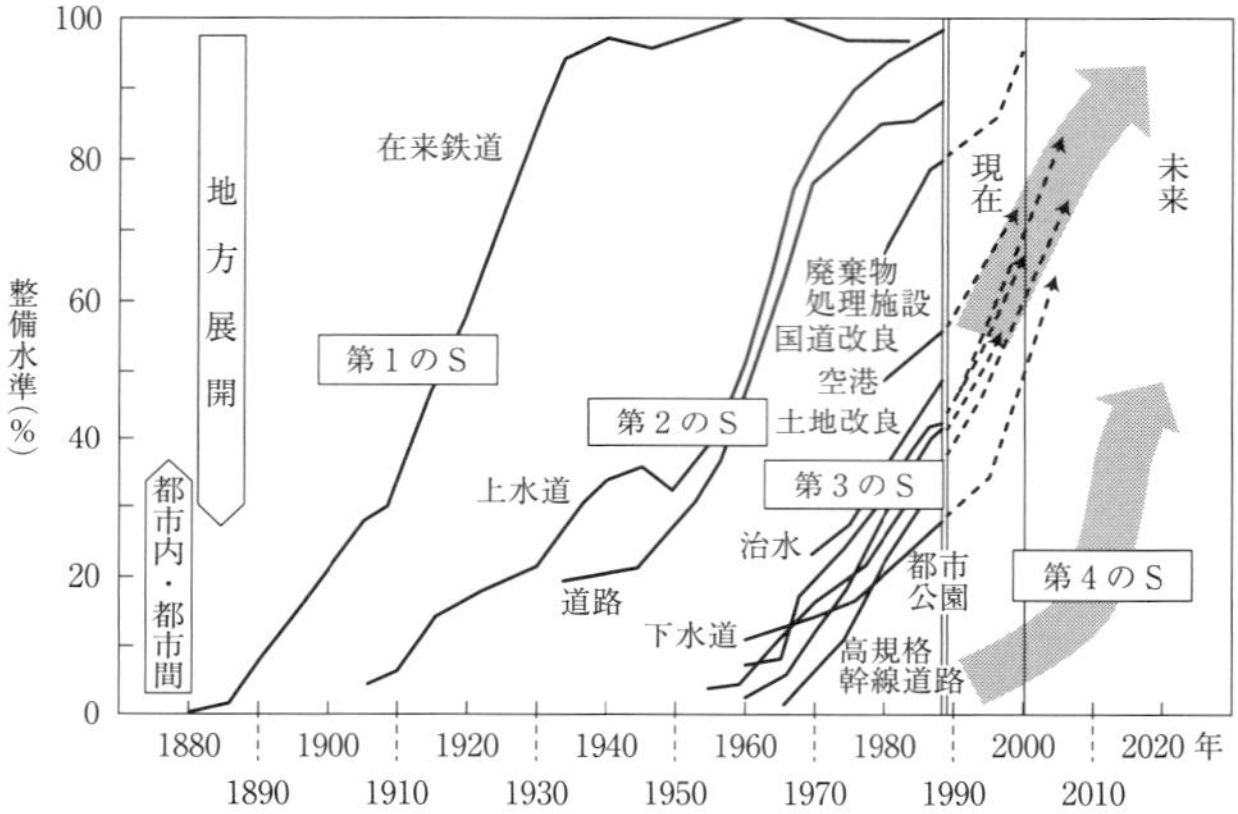


(出所) 通産省・中期産業経済展望研究会『創造的革新の時代』1993年

(注) 図のうちの第1〜第3の「S字カーブ」に示される社会資本は，「ナショナル」レベルでの計画や整備が重要となるものが多い．一方，「第4のS」があるとすればそれは福祉・環境・まちづくり・文化関連など，むしろ「ローカル」レベルに根ざした政策対応が重要となるものだろう．

**図8・1　社会資本整備のS字カーブ**

る。最初に整備されたのは「鉄道」で、当時は〝鉄は国家なり〟と言われた時代であり、工業化が大きく展開する中で鉄道が東京などの都市部からやがて地方を含めて敷設されていった(＝〝第一のS〟)。

続く〝第二のS〟の代表は、第二次大戦後の高度成長期を象徴する「道路」の整備であり、もちろんこれは自動車の普及と重なり、また石油化学など関連諸産業の拡大とも一体のものだった。さらに高度成長期後半の〝第三のS〟になると若干色合いが変化し、廃棄物処理施設、都市公園、下水道、空港、高速道路など多様なものとなるが、これらもすでに成熟段階に達している。

本章の議論との関連で注目したいのは、以上のような(三つのS字カーブに示される)**工業化時代あるいは高度成長期の社会資本整備は、いずれも「ナショナル」な空間範囲に関わるものであり、国レベルの、あるいは中央集権的なプランニングにもっともなじみやすい性格のものだった**という点である。

単純な話、鉄道網の敷設や道路の建設は個々のローカルな地域を越えるもので、一つの地域ないし自治体で単独で計画したり整備したりできるものではない。本章で論じてきたように工業化(産業化)時代における「経済の空間的ユニット」はナショナルなレベルに親和的なのであり、自ずと集権的なプランニングや意思決定が重要となる。工業化を軸とする「拡大・成長」の時代において東京を中心とするヒエラルキー構造が強化されていったのは、このような背景から来るものだった。

しかしながら、まさに「S字カーブ」という形態が示すように、以上のような工業化関連の社会資本整備は現在すでに成熟・飽和段階に達している。今後大きく浮上していく〝第四のS〟があるとすれば――正確には以上の三つのS字カーブの後に、九〇年代から二〇〇〇年代にかけて「情報化・金融化」の波があり、それらは「グローバル」な性格をもつもので、それを〝第四のS〟と呼ぶとすれば〝第五のS〟ということになる――、それは先ほども述べたように福祉（ケアないし対人サービス）、環境、文化、まちづくり、農業等といった、「ローカル」な性格の領域であるだろう。

言い換えれば、**経済構造の変化に伴って、いわば問題解決（ソリューション）の空間的ユニットないし舞台がローカルな領域にシフトしている**わけで、こうした点からもローカライゼーション（ローカル化）ということが不可避の課題となってくる。工業化や情報化・金融化を中心とする拡大・成長の時代が〝地域からの離陸〟の時代だったとすれば、（コミュニティや自然を含む）〝地域への着陸〟という方向が今求められているのである。

## 「コミュニティ経済」の重要性

〝地域への着陸〟という方向が進み、また「経済の空間的なユニット」がローカルなものへシフトしていく時代において重要になってくるのは、地域においてヒト・モノ・カネが循環し、そこに雇用やコミュニティ的なつながりも生まれるような経済のありようであり、私はこれを「**コミュニティ経済**」と呼んでいる（広井（二〇一三））。それは第3章の終わりで述べた、（資本主義システムにおいてはひたすら〝離陸〟していった）市場経済の領域を、その土台にあるコミュニティそして自然の次元につないでいく経済というテーマと重なるものである。

具体的なイメージをもってもらうために例を挙げると、私が理解する限り、こうしたローカルなコミュニティ経済が比較的うまく機能しているのは、ドイツやデンマークといった国々である。ちなみに両国は自然エネルギーの普及においても先導的であり、よく知られているようにドイツは二〇二二年までの脱原発を宣言し、デンマークは原発をもっていない。

**写真1**はドイツのニュルンベルク郊外にあるエアランゲンという地方都市の中心部の様子だ。印象的なこととして、ドイツの多くの都市がそうであるように、中心部から自動車を完全に排除して歩行者だけの空間にし、人々が「歩いて楽しむ」ことができ、しかもゆるやかなコミュニティ的つながりが感じられるような街になっている。加えて、人口一〇万人という中規模の都市でありながら、中心部が活気あるにぎわいを見せているというのが印象深い。これはここエアランゲンに限らずドイツの都市すべてに言えることで、残念ながら日本の同様の規模の地方都市が、いわゆるシャッター通りを含めて閑散とし空洞化しているのとはかなり異なっている。

**写真2**はバイエルン州のバート・ライヘンハルという温泉のある町だが(人口一・七万人)、一キロ以上におよぶ長い商店街があり、高齢者を含めて歩いて楽しめるコミュニティ空間とな

**写真 1**：中心部からの自動車排除と「歩いて楽しめる街」
（ドイツ：エアランゲン〔人口約 10 万人〕）〜街のにぎわいと活性化にも.

**写真 2**：歩行者専用空間で生まれるにぎわいとコミュニティ感覚
（ドイツ：バート・ライヘンハル〔人口 1.7 万人〕）

**写真3**：歩行者空間と「座れる場所」の存在
（スイス：チューリッヒ〔人口約40万人〕）

っている。**写真3**は比較的大都市の例（スイスのチューリッヒ）だが、中心部から自動車が排除されるとともに（代わりに路面電車が整備）、座ってゆっくり過ごせるような場所が街中に広がっている様子である。以前の著書にも書いたことだが、日本を訪れた外国人へのアンケートで、〝日本に来て不便に感じたこと〟の一位に「街の中に座れる場所が少ない」という点が挙げられていたのを見て、多少驚くとともになるほどと思ったことがある。

必ずしも日本で十分論じられていないと思うが、こうした点は概してアメリカの都市とヨーロッパの都市で大きく異なっている。

本書の中でもふれてきたように、私はアメリカに三年ほど暮らしたが（主に東海岸のボストン）、アメリカの都市の場合、街が完全に自動車中心にできており、歩いて楽しめる空間や商店街的なものが少ない。しかも貧富の差の大きさを背景に治安が悪いこともあって、中心部には荒廃したエリアが多く見られ——窓ガラスが割れたまま放置されたりごみが散乱しているなど——、ちょっとした居場所になるようないわゆる「サード・プレイス」も少なく、街の〝楽しさ〟や〝ゆったりした落ち着き〟というものが大幅に不足していることが多い。

ヨーロッパの街は上記のように大きく異なっており、中心部からの自動車排除と歩行者中心のコミュニティ空間や街の賑わいといった点では特にドイツ以北のヨーロッパでそれが明瞭であり、これは七〇年代前後からそうした政策を意識的に展開してきた結果でもある。戦後日本の場合、道路整備や流通業を含めて圧倒的にアメリカをモデルに都市や地域をつくってきた面が大きいこともあり、残念ながらアメリカ同様に街が完全に自動車中心となり、また中心部が空洞化している場合が多いのが現状だ。

ここでポイントとなるのは、いま述べているような①まちづくりないし地域の空間構造のあり方（自動車規制や郊外の大型店舗等の規制を含む）と、②地域でのローカルな経済循環、つまりここで言う「コミュニティ経済」ということになるだろう。

## 経済の地域内循環

②の経済の地域内循環、つまりヒト・モノ・カネが地域内でうまく循環するような経済については、以前の拙著でも言及したが、『スモール・イズ・ビューティフル』で知られる経済学者シューマッハーの流れを引き継ぐイギリスのＮＥＦ(New Economics Foundation)が、「地域内乗数効果(local multiplier effect)」という興味深い概念を提唱している。

これは経済がほぼもっぱら国(ナショナル)レベルで考えられてきたケインズ政策的な発想への批判ないし反省を含んだ提案で、「地域再生または地域経済の活性化＝その地域において資金が多く循環していること」ととらえ、①「灌漑(irrigation、資金が当該地域の隅々にまで循環することによる経済効果が発揮されること)」や②「漏れ口を塞ぐ(plugging the leaks、資金が外に出ていかず内部で循環することによってその機能が十分に発揮されること)」といった独自のコンセプトを導入して、地域内部で循環する経済のありようやその指標を提言しているものである(New Economics Foundation (2002))。

私見では、こうしたコミュニティ経済の例としては、(a)福祉商店街ないしコミュニティ商店街(先ほどのドイツなどの例)、(b)自然エネルギー・環境関連(後述の「鎮守の森・自然エネルギーコミュニティ構想」を含む)、(c)農業関連、(d)地場産業ないし伝統工芸関連、

(e)福祉ないし「ケア」関連など種々のものが考えられる。これらのうち、地域内の経済循環ということがもっとも明確に表れやすいのは、後でふれる自然エネルギー関連のものだろう。

一方、(e)の福祉ないし「ケア」に関連する最近の興味深い事例の一つとして、千葉県香取市の「恋する豚研究所」の試みを紹介してみたい。

「恋する豚研究所」とは、養豚場で豚を飼育するとともに、その加工や流通、販売なども一括して行い、かつその加工などの作業を知的障害者が行うという福祉的な機能ももった事業を行っているところで、〝福祉(ケア)と農業とアート〟を組み合わせた試みと呼べるものである。「アート」という点は、流通や販売にあたってクリエイターの人々が積極的に参加し、デザイン性ないし付加価値の高い商品を心がけていることを指している。また、福祉的な性格をもっていることは商品の流通や販売においては前面に出しておらず、あくまでその質とおいしさで勝負している。

興味深いのは、この事業を中心になって進めている飯田大輔さん(三六歳)が、この事業の全体を「ケアの六次産業化」というコンセプトで把握しているという点だ。農業の六次産業化ということはよく言われるわけだが、この事業の場合、「ケア」を軸にして、生産・加工・流通・販売をつなぎ、それを事業化しているのである。しかも養豚のみならず、ハムなどを作る時に使う塩なども地元産にこだわっており（ちなみに千葉県は豚の飼養頭数が全国三位）、経済の地域内循環ということを意識した事業にもなっている。

以上は一例だが、産業構造が大きく変わる中、様々な事業を新しい形で結びつけ、ローカルな経済循環を実現していくような試みが今後一層重要になっていくと思われる。

**（＊）若い世代のローカル志向**　以前の拙著でも述べてきたことだが、近年、ゼミの学生など若い世代を見ていて、「地域再生」や「ローカル」なものへの関心が確実に強まっているのを感じてきた。こうした傾向は、以上のような経済社会の構造変化を反映したものだろう。

ゼミの開始にあたり、学生がたとえば〝自分が生まれた街を世界一住みやすい地域にしたい〟といった志望を述べるようになったのはここ五、六年のことだろうか（私が気づくのが遅かったかもしれないが）。最近の印象的な例では、もともとグローバルな問題に関心があり、一年間の予定でスウェーデンに留学していた女子の学生が、自分はやはり地元の活性化に関わっていきたいという理由で、留学期間を半年に短縮して帰国したという例があった。彼女の出身地は茨城県の石岡というところで、関東三大祭のひとつとも言われる〝石岡のおまつり〟が盛んな場所であり、この伝統行事の存在がその学生の地元に対する愛着の大きな部分を占めていたという。

ところで、ではなぜ以上のような若い世代の「ローカル志向」が高まっているのだろうか。先ほどの「経済の空間的ユニット」の変化も関わっているが、併せて根本的な背景は次の点にあるだろう。

すなわち高度成長期を中心に「拡大・成長」の時代においては、工業化というベクトルを中心に世の中が一つの方向に向かって進み、その結果、各地域は〝進んでいる—遅れている〟という単線的な時間軸にそって位置づけられることになる(東京は進んでいる、地方は遅れている等々)。

ところが現在のように、一定の物質的な豊かさが達成された「ポスト成長」の時代においては、そもそもそうした時間軸が背景に退き、逆に各地域のもつ独自の個性や風土的・文化的多様性に人々の関心が向かうようになる。単純化して言えば、ポスト成長あるいは定常型社会においては時間軸よりも「空間軸」が前面に出るようになるのであり、それは先ほどの〝地域への着陸〟ということとも重なる。

なお、後でもふれる都市と農村の非対称性という論点とも関連するが、以上のように若い世代のローカル志向が高まっているとは言っても、実際には地方へのUターン、Iターンには様々なハードルが存在しており、それに対する政策的な支援策こそが重要となる。これは前章で述べた社会保障等の世代間配分の問題とも関わるが、そこでも指摘したように、たとえば報酬比例年金への課税を強化し、その税収を活用して若者の地方での雇用や生活の支援にあてるといった政策——現行の「地域おこし協力隊」の大幅拡充などを含む——が検討されるべきだろう(あまり指摘されていないが、こうした政策は今後、首都圏の高齢化が急速に進む中で年金マネーが東京に集中するのを是正するという意味ももつ)。

## 福祉都市――老いや死を含む地域コミュニティ

　コミュニティでの経済循環と並び、もうひとつ重要なのが、まちづくりあるいは都市や街、集落の空間的なあり方である。これについては、成熟社会ないし人口減少社会の都市像として「福祉都市」という視点が重要と思われる（広井（二〇一一）参照）。

「福祉都市」とはさほど難しいことを意味しているわけではなく、ポイントは二つあって、第一に先ほどドイツなどの例にそくして述べたように、中心部から思い切って自動車交通を排除し、商店街など歩行者が「歩いて楽しめる」空間にしていくこと――全国に六〇〇万人とされる〝買い物難民〟の減少にもつながる――、第二に、できるだけ中心部にケア付き住宅や若者・子育て世帯向けの公的住宅、保育園などを誘導し、世代間交流やコミュニティという視点を含めた広い意味での福祉的機能を充実させていくことである。

　以上のようなことをずっと考えていたら、先日まさにそうしたイメージを具体的に絵で表現したものに出会った。それは宮崎駿氏と養老孟司氏の対談本『虫眼とアニ眼』で、冒頭の約二〇ページが宮崎氏が理想として描く街の絵となっており、それは「保育園とホスピスと社《やしろ》を町のいちばんいい所に」という内容のものだった（ここでの「ホスピス」は狭い意味の終末期ケアの場所というより、広く看取りや介護の場という趣旨)。「福祉都市」のイメージそのものである。

しかもここで表現されているのは、狭い意味での福祉都市という以上のものだ。それは「ホスピス」や「社」に示されるように、老いや死(または死者)あるいは「世代間の継承性」ということを包含した都市や地域のありようで、地域やコミュニティというものは本来そうした要素を含んでいるのではないだろうか。

ここで「社」に言及がなされていることもあり、こうした関連で私自身がここ数年進めている「鎮守の森・自然エネルギーコミュニティ構想」について簡潔に述べてみたい。

## 自然エネルギーと鎮守の森——コミュニティで循環する経済へ

原発や今後のエネルギー政策をめぐる展開はなお混迷が続いているが、次のような興味深い事実がある。日本全体でのエネルギー自給率は四%台に過ぎないが、都道府県別に見ると一〇%を超えているところが一四あり、ベスト5は①大分県(二六・九%)、②秋田県(一九・七%)、③富山県(一七・六%)、④長野県(一五・四%)、⑤鹿児島県(一四・七%)となっている(二〇一四年)。

これは環境政策が専門の倉阪秀史千葉大学教授が進めている「永続地帯」研究の調査結果であり、大分県が群を抜いて高いのは、別府温泉などの存在からわかるように地熱発電が大きいことによる。富山県や長野県などは山がちな風土を背景にして水力発電が大きいことがエネルギー自給率が高い要因である。もっぱら〝自然資源に乏しい〟と言われてきた日本だが、意外にもこうした自然エネルギーに関しては一定のポテンシャルを持っているのだ。

ちなみにドイツではエネルギーの地域自給を目指す「自然エネルギー一〇〇％地域」プロジェクトが進められており、二〇一二年現在でそうした自然エネルギー一〇〇％地域は七四で、ドイツの面積全体の二八・六％、人口では二〇〇〇万人（二四・二％）に及んでおり、なお急速に拡大中である（環境エネルギー政策研究所資料）。

ところで自然エネルギー拠点の整備というテーマは、狭い意味でのエネルギー政策という枠を超えて、ローカルな地域コミュニティの再生という視点が不可欠だろう。つまり先ほどの「コミュニティ経済」とまさに重なるが、自然エネルギーを軸に、ヒト・モノ・カネが地域内で循環し、そこに雇用やコミュニティ的なつながりが生まれるような仕組みづくりが課題となる。このような視点を含めて私が考えるようになったのが「鎮守の森・自然エネルギーコミュニティ構想」だ。

最初に知った時に驚いたのだが、全国の神社の数は約八万数千で(お寺もほぼ同数)、コンビニの約五万よりずっと多く、また中学校の数が一万であるのを踏まえると中学校区当たり平均八つずつという大変な数にのぼる。明治の初めには神社の数は二〇万近くにのぼっており、おそらくこれは当時の〝自然村〟つまり地域コミュニティの数にほぼ対応していたと思われる。これらの場所は狭い意味での宗教施設ということを超えて、「市」が開かれたり「祭り」が行われたりするなど、ローカルな地域コミュニティの中心としての役割を担っていた。

こうした点を踏まえ、自然エネルギー拠点の自律分散的な整備と、元来地域コミュニティの拠点であった鎮守の森を結びつけ、福祉や世代間交流などの視点も総合化して進めていくというのが「鎮守の森・自然エネルギーコミュニティ構想」の基本的な考えである。

それは自然エネルギーを通じたエネルギー自治という現代的課題と、自然信仰とコミュニティが一体となった伝統文化を融合させたものとして、日本が世界に対し発信できるビジョンにもなる可能性があると思われる。

以上の話は半ば夢物語のように響くかもしれないが、既に関連の試みは進んでいる。たとえば岐阜県と福井県の県境にある石徹白《いとしろ》地区という場所で、若い世代を中心に地域再生機構というNPOが小水力発電を通じた地域再生事業を進めているが、そこはかつて白山信仰の拠点と

写真４：岐阜県石徹白地区（郡上市白鳥町）の遠景

して栄えた場所でもある（**写真４**）。

前著（広井〔二〇一三〕）にも記したことだが、最初にコンタクトをとらせていただいた時、同機構の副理事長の平野彰秀さん（東京の外資系コンサルティング会社に勤めた後に地元の岐阜にＵターン）からいただいた次のようなメッセージは、私にとって非常に印象深いものだった。平野さんは、「石徹白地区は白山信仰の拠点となる集落であり、小水力発電を見に来ていただく方には必ず神社にお参りいただいています」、そして「自然エネルギーは、自然の力をお借りしてエネルギーを作り出すという考え方」であり、「地域で自然エネルギーに取り組むということは、地域の自治やコミュニティの力を取り戻すことであると、私どもは考えております」と述べていたのである。

こうした例も参考にしながら、ささやかながら現在、岐阜、熊本、長野、宮崎等の地域の方々や関連機関と連携を取りつつ「鎮守の森・自然エネルギーコミュニティ構想」のプロジェクトを進めている。

もちろん地域コミュニティの拠点となる場所は鎮守の森だけではない。二〇〇七年に全国の自治体に対して私が行ったアンケート調査では、「これからの時代におけるコミュニティの中心として特に重要な場所」として挙げられていたのは、多い順に①学校、②福祉・医療関連施設、③自然関係(公園等)、④商店街、⑤神社・お寺となっていた(広井(二〇〇九b)参照)。こうした場所を自然エネルギー等とうまく結びつけ、コミュニティで循環する経済を築いていくことが、ポスト成長時代の日本における中心的な課題になるだろう。

なおこの場合、経済システム全体のあり方としては、次のような「ローカルからグローバルへの全体構造」を構想し実現していくべきものと考えられる。すなわち、

(1)物質的生産、特に食料生産およびケア(対人サービス)はできる限りローカルな地域単位で——ローカル～ナショナル

(2)工業製品やエネルギーについてはより広範囲の地域単位で——ナショナル～リージョナル(ただし自然エネルギーについてはできる限りローカルに)

(3)情報の生産、消費ないし流通についてはもっとも広範囲に——グローバル

(4)時間の消費(コミュニティや自然等に関わる志向ないし市場経済を超える領域)はローカルに

という方向だ(広井(二〇〇九a)、同(二〇〇九b)参照)。これは、本書の中で述べてきた「物質の消費→エネルギーの消費→情報の消費→時間の消費」という経済構造および科学の基本コンセプトの進化とも対応するものである。

## 地域の「自立」とは――不等価交換と都市・農村の「持続可能な相互依存」

以上のようなコミュニティ経済ないし「経済の地域内循環」というテーマを考えていくにあたり、もう一つ忘れてはならない論点がある。それは「地域の自立」とは一体何かというテーマだ。

通常、地域の自立というのは経済的ないし財政的な意味で使われ、たとえば財政破綻した夕張は自立しておらず、経済的に豊かな東京はもっとも「自立」しているという具合に語られる。

しかし本当にそうだろうか。環境政策などの分野で「マテリアル・フロー」、つまり食料やエネルギーの物質循環を指す言葉があるが、そうした視点から見れば、むしろ「自立」しているのは地方や農村部であり、逆に東京のような大都市は、それらの地域(あるいは海外)に食料やエネルギーを大幅に「依存」するかたちで初めて成り立っている。

福島や新潟という、首都圏から遠く離れた場所に東京電力の原発があるというのはこうしたことの象徴であり、3・11が明るみに出したのは、高度成長期以降の日本が忘れかけていた以上のような「都市─農村」の関係性だった。しかもここで重要なのは、東京のような大都市圏は、食料やエネルギーを相当に安い価格で地方や農村から調達しており、そこにはある種の「不等価交換」のメカニズムが働いている。これはいわゆる先進国と途上国の関係と構造的に共通するものであり──なぜそうした「不等価交換」が生じるかについては「時間」というテーマとあわせて終章で考えたい──、したがって二〇一二年にスタートした再生可能エネルギーの固定価格買い取り制度や、様々な農業支援、地域の若者支援のような「再分配」の仕組みを導入してこそ、都市と農村は「持続可能な相互依存」の関係を実現できるのである。

## 緑の福祉国家または持続可能な福祉社会

まとめよう。第Ⅲ部全体の議論を振り返ると、現在の資本主義が様々なレベルの格差拡大と過剰という構造的問題を抱えているという認識から出発し、それへの対応として、

(1)過剰の抑制──時間政策や「生産性」概念の転換

(2)再分配の強化・再編――資本主義システムのもっとも根幹にさかのぼった社会化(「人生前半の社会保障」や「ストックの再分配」)

(3)コミュニティ経済の展開――市場経済をその土台にあるコミュニティや自然に着陸させること

という三つの方向について考えてきたのだった。

形式的に言えば、(1)は「富の総量(ないし規模)」に関わる次元であり、(2)は「富の分配」に関する次元であり、(3)は「富」という言葉が通常含意する、市場経済の射程そのものからはみ出るような位相(＝コミュニティと自然)を含む次元と言うことができる。

そして、(1)～(3)の方向を含んだ全体を、ここでは「**緑の福祉国家**」ないし「**持続可能な福祉社会**」という社会構想として位置づけてみたい。

本書の第Ⅰ部で言及してきたように、もともと「福祉国家」という理念は、資本主義と社会主義の〝中間の道〟という側面をもっており、しかもそれは(〝ケインズ主義的福祉国家〟という表現にも示されるように)「成長・拡大」への志向を強く内包していた。

しかしポスト成長の時代を迎える中で、そうした限りない拡大・成長を前提としないような福祉国家のあり方が求められるようになった。それは〝「エコロジー」と結びついた福祉国家〟

あるいは〝脱成長の福祉国家〟モデルとも呼べ、しかも上記のように福祉国家自体がすでに資本主義と社会主義の一種の結合形態であるので、それは全体として「資本主義・社会主義・エコロジーのクロス・オーバー」と把握することがさしあたり可能である。

これは、私自身がこれまで「**定常型社会**」あるいは「**持続可能な福祉社会**(sustainable welfare society)=個人の生活保障や分配の公正が実現されつつ、それが資源・環境制約とも両立しながら長期にわたって存続できるような社会」と呼んできた社会像と実質的には重なり合うものだが、特に(3)の内容(コミュニティ経済)に注目する度合いが大きくなっていると言うこともできる。

なぜこの点が重要かというと、資本主義的な「拡大・成長」ではなくむしろ「(地域内)循環」に軸足を置いたコミュニティ経済が発展していけば、それは自ずと(1)の「過剰の抑制」にもつながり、かつそこで様々な雇用やコミュニティ的なつながり等が生まれていけば、それは格差の是正(あるいは失業の減少や社会的排除の是正)にも一定寄与し、結果的に(2)の再分配の前提条件を緩和させることになるからである。

そうした「緑の福祉国家/持続可能な福祉社会」の基本的な特徴をあらためて記せば、これまで述べてきたように、それはローカルな経済循環から出発し、地域間の再分配(都市―農村間の不均衡の是正を含む）の仕組みを重層的に組み込みながらナショナル、グローバルへと積み上げていくような社会である。同時にそこでは、労働時間の短縮や「時間政策」が導入されるとともに、「人生前半の社会保障」や「ストックの再分配」を含む様々な社会保障や再分配システムが採られ、これらを通じて過剰の抑制や個人の生活保障ないし分配の公正が図られている。

## 「緑の福祉国家指標」――環境と福祉の統合

以上のように述べると、それはある種の理想論であり、かつ抽象的な理念にとどまるように響くかもしれないが、私自身の認識では、先ほどコミュニティ経済のところで若干ふれたように、ドイツやデンマークといった国々は、少なくとも部分的にはそれにかなり近い姿を実現しつつあると思われる。

そうした全体的なイメージをまず示したのが**表8・2**であるが、これらはより個別的な社会指標や政策にそくして検証され吟味されていく必要がある。ここでは「福祉」と「環境」の双方の視点が重要であり、「福祉」に関してはジニ係数など格差関連指標や（ソーシャル・キャピタルなど）コミュニティ関連指標ないし労働関連指標、「環境」に関しては食糧・エネルギー等

表8・2 「緑の福祉国家／持続可能な福祉社会」の基本的特徴

- 環境保全あるいは脱成長的な志向をもった福祉国家
- ローカルレベルの経済循環(自然エネルギー等)から出発～ナショナル・グローバルレベルへの積み上げと再分配
- 資本主義システムの根幹にさかのぼった社会化

【概括的な国際比較】
1) 緑の福祉国家A：ドイツ，デンマーク（オランダ)……分権的または脱生産主義的
2) 緑の福祉国家B：スウェーデン（フィンランド)……「環境近代化(ecological modernization)」的
3) 通常の福祉国家：フランス
4) 非環境志向・非福祉国家：アメリカ（日本)

(注) 「環境近代化」とは，環境保全を進めつつ経済成長を極力図りその両者を両立させていこうとする考え方を指す.

の自給率やエコロジカル・フットプリント、二酸化炭素排出やガソリン消費等の指標が挙げられ、これらを総合的に見ていくアプローチが重要となるだろう。

**図8・2**はまさにそうした関心から作成したもので、「**緑の福祉国家指標(または持続可能な福祉社会指標、環境福祉指標)**」と呼べるような試みである。図の縦軸はジニ係数で、格差の度合いを示している(上ほど数値が大きく格差大)。他方、図の横軸は環境のパフォーマンスに関する指標で、ここでは「環境パフォーマンス指数(EPI：Environmental Performance Index)」というイェール大学で開発された総合指数を使っている(環境汚染、二酸化炭素排出、生態系保全等に関する指標を総合化したもの)。そして軸の右のほうが環境パフォーマンスが高いこ

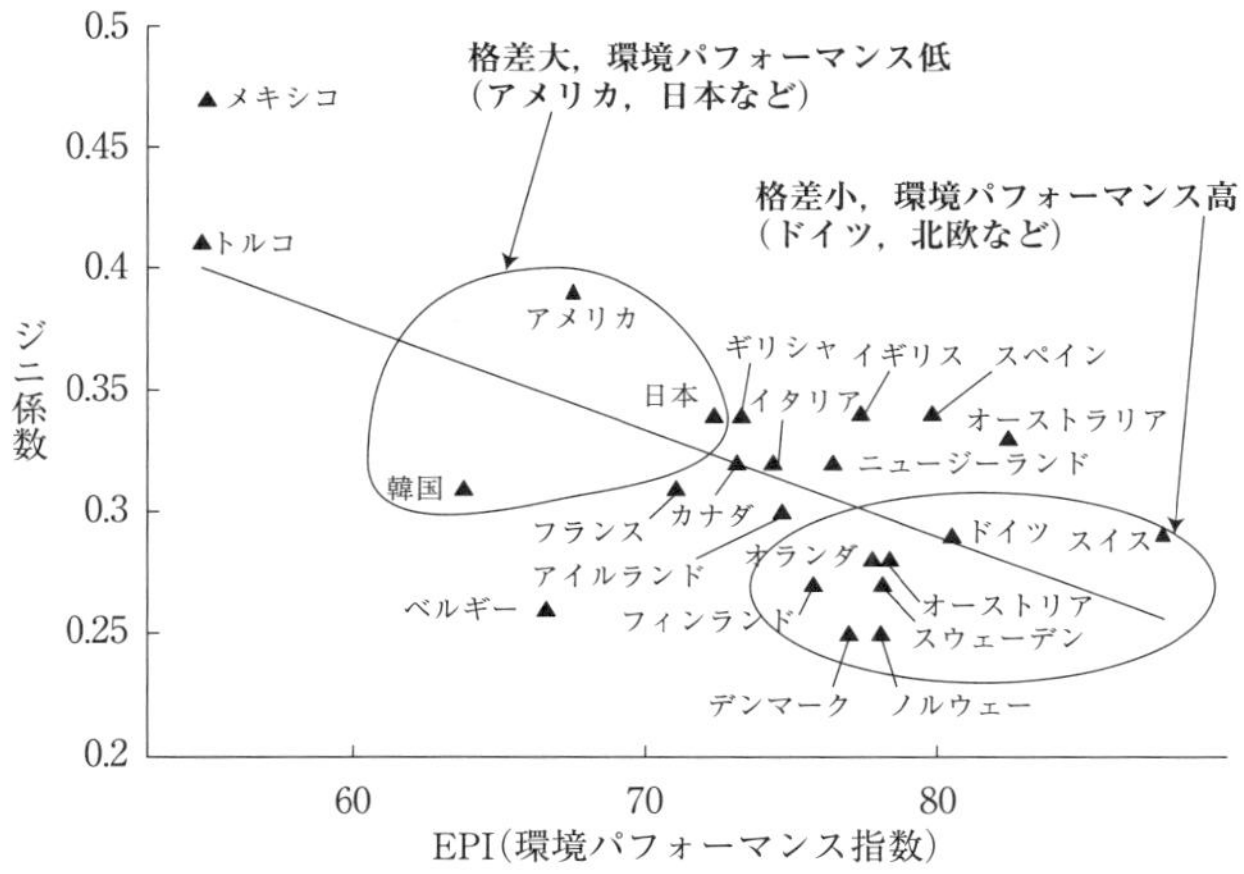


(注)　ジニ係数は主に2011年(OECDデータ)．EPIはイェール大学環境法・政策センター策定の環境総合指数．

**図8・2　「緑の福祉国家」指標：環境と福祉の統合**

とを示している。

このように、**通常は一緒に論じられることの少ない「福祉」と「環境」を総合的にとらえる時、興味深いことに、両者の間には一定の相関があること**が図から見て取れる。

つまり図の左上には、メキシコ、トルコ、アメリカ、韓国、日本といった国々が存在し、これらは概して格差が大きく、また環境面でのパフォーマンスが良好でない国ということになる。

他方、右下のほうのグループは、格差が相対的に小さく、また環境のパフォーマンスが良好な国であり、スイスやドイツ、北欧などの国々が該当する。まさにここで論じている「緑の福祉国家」または「持続可能な福祉社会」の像に近い国々と言える(もう少し細かく言えば、これらの国々のうち、いわゆる北欧諸国は「福祉」のパフォーマンスが高く、ドイツなどは「環境」のパフォーマンスが高いという傾向があり、これは私の実感にもよく合致している)。

それではなぜ、このように「福祉」(ここでは格差の度合い)と「環境」のありようは一定程度相関するのだろうか。

これは従来あまり論じられていない、それ自体興味深いテーマだが、おそらく次のようなメカニズムが働いているのではないか。すなわち、格差が相対的に大きい国ないし社会においては、その度合いが大きいほど、①(俗に言う〝負け組〟になった場合の困窮の度合いが大きいため)自ずと「競争(ないし上昇)圧力」が高まり、②しかも格差が大きいということは「再分配」(による平等化)への社会的合意が低いことを意味するから、これら①②の結果、自ずと「パイの拡大＝経済成長による解決」という志向が強くなり、環境への配慮や持続可能性といった政策課題の優先度は相対的に下がるということである。

逆に一定以上の平等が実現されている社会においては、競争(上昇)圧力は相対的に弱く、また再分配への社会的合意も一定程度存在するため、「経済成長」つまりパイ全体を拡大しなければ豊かになれないという発想ないし〝圧力〟は相対的に弱くなるだろう。

それは**（家族や集団を超えた）「分かち合い」への合意が浸透している**ということでもあり、つまりこれら「福祉／環境」関連指標や社会像の背景には、そうした**人と人との関係性（ひいては人と自然の関係性）のありよう**が働いているのだ。

同時にそこには、**そもそも自分たちが「どのような社会」を作っていくか（いきうるか）という点についてのビジョンの共有**ということが関わっているだろう。この後で述べるように、現在の日本の場合、そうした〝実現していくべき社会〟や「豊かさ」の姿が見えず、政治あるいは政党もそうしたものを示しえておらず、人々は途方に暮れているという状況ではないか。

いずれにしても、ここで論じている「緑の福祉国家／持続可能な福祉社会」は、単に抽象的な理念にとどまらず、こうしたデータ群によっても表現しうる、具体的な社会の姿や政策と深く関わるものである。しかもそれは量的ないしマクロ的な次元にとどまらず、たとえば**図８・２**のグラフに示される各国の布置関係は、私自身がそれらの国々に滞在した実感的な印象や、先ほどまちづくりの写真などにそくして述べた人々の表情あるいは〝街の雰囲気〟ともかなりの程度合致している。

## 日本の位置と現在

以上のデータともつながるが、先ほどの**表8・2**においても、日本については、括弧付きながらアメリカと並んで「非環境志向・非福祉国家」に分類している。

日本の場合、残念ながら第6章で見たように経済格差は先進諸国の中で既に大きい部類に入っており、労働時間も長くいまだに過労死といったことが生じ、「社会的孤立度(家族や集団を超えた人とのつながりの少なさ)」も先進諸国の中でもっとも高く(世界価値観調査での国際比較)、年間の自殺者がなお二万五〇〇〇人程度存在し(二〇一四年)、「人生前半の社会保障」も不十分である一方、(税負担に対する人々の抵抗が強いこともあり)国の借金は一〇〇〇兆円を超え先進諸国の中で突出した規模になっている等々、マイナスの要素が並んでいる面は否めない。

それらの根本的な背景として、日本においては、(工業化を通じた)高度成長期の〝成功体験〟が鮮烈であったため、「**経済成長がすべての問題を解決してくれる**」という発想から(団塊世代などを中心に)抜け出せず、人と人との関係性や労働のあり方、東京—地方の関係、税や公共性への意識、ひいては国際関係(「アメリカ—日本—アジア」という序列意識など)等々、あらゆる面において旧来型のモデルと世界観を引きずっているという点が挙げられるだろう。

「アベノミクス」はそうした残滓の（ある意味で最後の）象徴ではないだろうか。

しかしながら他方で、先ほど述べた若い世代のローカル志向といった点とも関連するが、日本の各地域において現在、地域の再生や新たなつながりに向けた動きが〝百花繚乱〟のように生成しているのも確かな事実である。

時あたかも日本は二〇〇九年から人口減少社会に移行しており、これは明治維新以降百数十年続いた「拡大・成長」のベクトルとは逆の方向に向けた展開＝転回の始まりの時期でもある。それは「拡大・成長」という一元的なものさしや〝義務としての上昇〟から人々が解放されていく、新たな創造の時代であると同時に、多くの困難を伴う過程だろうが、本章で論じてきた「緑の福祉国家／持続可能な福祉社会」は、そうした〝人口減少社会のフロントランナー〟としての日本社会が、真の豊かさのかたちとして実現していくべき社会像としても位置づけられるのである。

# 終章　地球倫理の可能性――ポスト資本主義における科学と価値

## 長い時間とローカリティ――地震予知と地域の神社

東日本大震災での津波において、津波の到達した境界線上に多くの神社が立っていたという事実がある。この話題は二〇一一年八月に放映されたTBSの「報道特集」でも取り上げられ、また他にも様々な場面で言及されてきたので、聞いたことのある人も多いかもしれない。

上記番組の取材に関わり、もともと大学院で海洋環境を研究しており、後に共著で『神社は警告する』という本をまとめた一人である熊谷航は、福島県南相馬市から新地町にかけて、津波の影響を受けた海側にある神社八四社を訪れ被災状況を確認した。これら八四社は〝村社〟と呼ばれる、地域の人々により信仰、運営されてきた小さな祠だったが、一七社が流出・全壊の被害を受けたものの、その他六七社はすべて無事であることがわかったのである。

また、概して古い神社ほど津波の被害からまぬかれた例が多く、『延喜式』と呼ばれる文書（九二七年）に記載されている神社を「式内社」と呼ぶが、福島、宮城、岩手の式内社一〇〇のうち全壊・半壊したのは三社のみであった。平安時代にいわゆる貞観大津波が起きたのが八六九年ということを考えると、貞観津波がその時代の神社の立地に影響したと見るのは不合理ではないと思われる（高世他（二〇一二））。

神社の立地と津波の浸水域がかなり重なっているという点やその背景については、さらに立ち入った検証が必要だが、これらの神社に関して、当時の人々が〝津波はここまで来るおそれが現にあるので、何かあった時はこの場所に避難せよ〟、あるいは〝ここより海側は危険だ〟といったメッセージを後代の者に託しながら建てたというのは十分ありうることだろう。

このように見ていくと、若干誇張して言うならば、地震研究など現代の科学が行う地震予知や警告に従うよりは、「何かあったらできるだけ近くの神社仏閣に行け」という古くからの素朴な戒めを遵守したほうが、津波の被害は少なかった可能性があるとも言える。

ちなみに、上記の熊谷はまとめの文章で次のように述べている。「報道等でも周知のとおり、このような規模の津波災害は数百〜千年周期で起こっていたことが科学研究からわかってきている。では、千年後へ伝えられる防災とは、なにか？　今回の津波災害を経て、防災体制や防災教育がみなおされはじめているが、はたしてそれは千年後の社会にまで生きつづけることができるのだろうか。私たちの周囲を見渡してみてほしい。千年前から受け継いできたものを見つけることなど容易ではない」「今回の調査を通じて、地域の神社に関しては私たちが忘れてしまっている、知らないことがたくさんあるということを痛感した。千年前からある地域の神社に思いを馳せ、さらに千年後の地域社会になにを伝えられるのかについて考えることは、地域づくりの根幹だと思う」(同、傍点引用者)。

## 未来の収奪

「千年後へ伝えられる防災」という熊谷の言葉から連想されるものとして、デンマークで製作された『一〇〇、〇〇〇年後の安全』(二〇〇九年)という映画がある(原題はInto Eternity で〝永遠へ〟)。これは、フィンランドでの原発からの放射性廃棄物の最終処分場建設の様子を淡々としたタッチで映像化したドキュメンタリー作品で、タイトルはそうした廃棄物が一〇万年後には安全になるという点に由来している。裏返して言えば、一〇万年先の未来までリスクを伴うものを私たちは後世の人々に残しているわけであり、それは上記のような、後代へのメッセージとともに地域の小さな神社を作った人々の関心の方向とはある意味で真逆のものとも言える。

この後で整理するように、市場経済あるいはそれを柱とする資本主義システムは「短期」の時間軸でしか物事をとらえないので、そうした「長い時間」は初めから関心の外に置かれてしまう。

このことの意味を、経済学者の水野和夫は「未来の収奪」という言葉で的確に表現している。すなわち、近代資本主義が「三億年前から地球上に堆積してきた化石燃料を(一八世紀末のエネルギー革命以来の)たった二〇〇年で食い潰す」ことが「過去の収奪」であるとしたら、化石燃料という有限な自然資源に代わる〝人工的な無限〟の作成の試みとしての原子力発電は、実際には上記のような放射性廃棄物を含めて、後の世代の生活を大きく損なうものであり、それは「未来の収奪」ではないかとするのである。同時に、リーマン・ショックの背景にあった金融工学による住宅バブルと、そこでのサブプライム・ローンもまた、巧みに低所得層の願望を利用した「未来の収奪」だったと水野は論じている(水野(二〇一二))。

## 「市場の失敗」をめぐって

ところで第2章でも少しふれたように、経済学に「市場の失敗」という基本コンセプトがある。効率性(ないし効率的な資源配分)は「市場」においてこそ実現できるが、しかし市場が十全に機能するためには一定の条件が必要であり、そうした条件が満たされない場合には市場は効率性を実現できない、すなわち「失敗」するという考え方だ。

こうした市場の失敗に関して、実は市場というものは「情報の完全性」というものを前提としており、しかし実際にはこの条件は満たされないことが多いので(情報の不完全性ないし非対称性)、情報をめぐっての「市場の失敗」が様々な形で生じているという議論を提起したのがジョージ・アカロフやジョセフ・スティグリッツといった経済学者であり、彼らはそうした〝情報の経済学〟に関する貢献で二〇〇一年のノーベル経済学賞を受賞している。

情報をめぐる市場の失敗の例としては、医療保険などにおける〝逆選択〟と呼ばれる現象――単純化して言えば、自分は比較的健康と認識している者が民間保険に加入せず、結果として保険市場が成立しなくなること――がある。第4章でアメリカの医療システムに言及したが、このことから、医療サービスを民間保険に委ねることは、病気のリスクが高い者が保険加入を拒否されるという「公平性」の問題だけでなく、「効率性」という観点からも問題が大きいという結論が導かれることになる。

以上を別の観点から言えば、**「情報」というコンセプトを経済学に導入することによって、「市場の失敗」の扱う範囲が広がったのであり、言い換えれば〝市場が万全でない領域〟が従来考えられてきたよりも広いことが認識されるようになった**ことになる。逆にそのぶんだけ

「効率性」のために(＝市場の失敗を是正するために)政府の対応が必要になる場合が増えるわけであり、これは本書で論じてきた「資本主義の社会化」をめぐるパラドックス——資本主義は、その存続のために、政府の介入という社会主義的な要素を必要とする——とも関連するだろう。

## 市場経済と「時間」

情報をめぐる市場の失敗について述べたが、ここで私が主張したい点はその先にある。それは「情報」というコンセプトの先に、「時間」という概念を市場というものの理解に導入すべきではないかという点である。言い換えれば、市場経済においては〝**時間をめぐる「市場の失敗」**〟が様々な形で生じているという把握が重要ということだ。

これは取り立てて難しいことを言っているのでなく、内容はごくシンプルである。すなわち市場というものは、きわめて〝短期〟の時間軸で物事を評価するので——金融市場などはその典型である——、より長い時間軸で評価されるべき財やサービスは、十分にその価値が評価されず低い価格づけとなったり、使い尽くされたりするということだ。いま「より長い時間軸で評価されるべき財やサービス」といったのは、たとえば農林水産物や、森林など自然環境の価値に関するものであり、また場面は異なるが、介護などのサービスもそれに該当する。

こうした点を、少し整理して示すと**図終・1**のようになる。

この図は「個人―共同体―自然」の関係を示したもので、それを「市場経済―コミュニティ―環境」と対応させており、実は第3章の**図3・1**や第4章の**図4・4**と同様のものである。

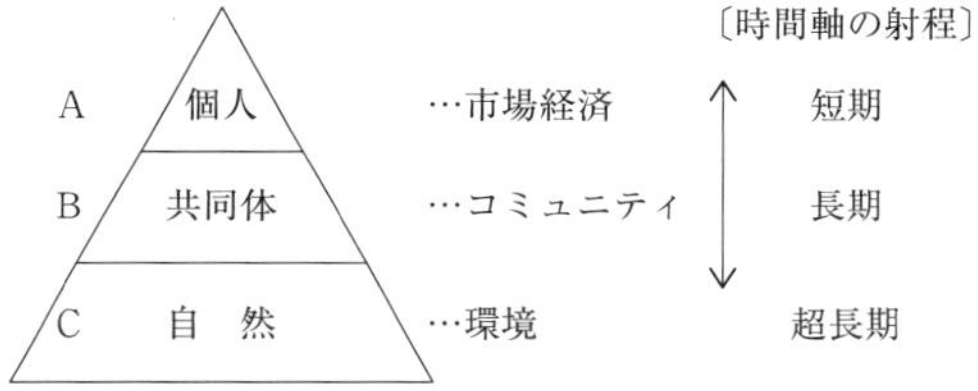


**図終・1**　市場経済―コミュニティ―環境(自然)の関係

この中で、ピラミッドの上層の「市場経済」においては時間軸の射程が短く、比喩的に言えば時間がもっとも〝速く流れる〟。しかし個人と市場経済の土台にある共同体ないしコミュニティの次元では、世代間の継承性ということを含めて時間軸の射程はもっと長く、さらに自然の次元ではそれはさらに長くなる。そこでは時間は〝ゆっくりと流れる〟。

たとえば介護という営みは、親の介護を子が行い、その子が年をとったらまたその子が介護を行い……という具合に、世代間継承性の中でのコミュニティ的な営みとして行われていた(図のピラミッドの中層に該当)。しかしそれが市場において「介護サービス」という商品になると、そうした要素は捨象され、個々の行為をいわば断片化する形で評価することになるので、その「価格」はそれだけ低くなってしまうのではないだろうか。現在の日本において、若い世代を中心に介護従事者の離職が多く、社会的にはきわめて重要な領域でありながら介護が安定した雇用の場となっていないのは、根本的にはこうした構造に由来すると私は考えている。

そして、そうであるがゆえにこれらの領域においては公的な枠組み(具体的には公的介護保険)においてその価格を市場より高めに(本来の価値が評価されるよう)設定し、つまり公的なプライシング(価格づけ)を通じて、〝時間をめぐる「市場の失敗」〟を是正する必要があるのだ。

このように考えていくと、一見何のつながりもないような、農業などの分野と、今述べた介護や福祉分野の意外な共通性が見えてくる。つまり農業などの分野でも、相当な労働を行って作った農産物が低い価格でしか評価されず、十分な収入が得られないという理由で離農したりする者が(若い世代を含めて)後を絶たない。これは先ほどのピラミッドでは、もっとも土台にある「自然」の領域に関わるもので、やはりその価値は市場経済においては十分評価されず、従事者が減少していくわけだが、その構造は実は先ほどの介護などと共通している。

ちなみに第8章で都市と農村の間の「不等価交換」について述べたが、これもまた以上のような時間をめぐる「市場の失敗」に由来するものと考えられるだろう。またそこで言及した自然エネルギーの固定価格買取制度は、自然に関する価値が低く評価されがちであるのを、公的なプライシングを通じて是正する仕組みとして把握することができる。

なお若干概念的な整理となるが、**図4・4**にそくして述べたように、このピラミッドの中層(Bの次元)の「コミュニティ」は実は「情報」と呼応している(＝複数の主体からなる「コミュニティ」における意味の共有や流通が「情報」というコンセプトと表裏の関係にある)。したがって先ほどふれた〝情報の経済学〟は、実はこのピラミッドの最上層(市場経済)から出発しつつ、探究の射程を中層(＝情報／コミュニティの次元)にまで及ぼした試みとして把握することができるだろう。そしてそれをさらに土台の「自然」にまで及ぼすのがここでの〝時間をめぐる「市場の失敗」〟の考え方ということになる。

ところで、以上のような議論に対しては次のような反論もあるだろう。それは、本来「市場」というのはまさに〝短期〟の時間軸で物事を評価することがその本質なのだから、自然などに関わる領域が価格づけにおいて十分評価されないのは、「市場の失敗」ではなく、市場がその本来の機能を発揮したこと――むしろ「市場の成功」――の証左ではないかという批判だ。

形式的に言えばその通りだが、それは「市場の失敗」の定義に関わり、またそもそも市場経済というものをどうとらえるかという基本理解と関わっている。

すなわち、先の図にそくして述べたように、市場経済はそれ自体において独立自存するものではなく、そのベースにはコミュニティ、自然（という、より長期の時間軸に関わる領域）が存在している。第3章で論じたように、市場経済がそうした土台から離れて〝離陸〟し、限りない「拡大・成長」を志向してきたのが資本主義の歩みだった。しかし市場がその土台にあるこれらの領域を十分評価せず、あるいはその存続を危うくさせていけば、それは（自然やコミュニティがあってこそ成り立つ）自らの存在を失うことにつながる。

それをここでは究極的な意味での「市場の失敗」と呼んでいるのであり、〝市場が世界のすべてを覆い尽くした途端に市場そのものの存続が不可能になる〟という、パラドックスを含んだ表現というべきだろう。

## 「長い時間」への視座――民俗学的な知と近代科学的な知の融合

先ほどの震災と地域の神社の話に戻ると、資本主義の柱としての市場経済も、近代科学も、短期の時間軸あるいは〝均質に流れる抽象的な時間〟が基本となっており、たとえば地震予知や防災といった場面に関しても、古い時代から存在する地域の神社が発するメッセージといったことに関心が向かうことはない。

しかしながら現在求められているのは、自然科学に象徴される近代科学的なアプローチと、いわば「民俗学的・歴史学的アプローチ」とも呼びうるような、歴史性や風土、宗教や自然信仰、文化やコミュニティ等に着目したアプローチの両者を大きな視野で統合していくような、新たな「科学」ないし知のあり方ではないだろうか。

通常の意味の学問的著作ではないが、手塚治虫の『火の鳥』は、まさにそうした性格の作品と言えるだろう。『火の鳥』では、邪馬台国の頃や人類の創世といったはるかな過去と、西暦三四〇四年とか、人類が一度滅亡してまた生命の進化が始まって以降といった、はるかな未来を往復しながら、それぞれの時代のある程度独立した物語が進行していく。ただしどの時代の物語にも「火の鳥」が必ず登場する。

この物語の中心的なテーマは、生命あるいは「生と死」、あるいは「死と再生」といった主題だが——特に「未来編」というところで出てくる「宇宙生命《コスモゾーン》」というコンセプトがもっとも核にあると思われる——、私が印象づけられるのは、その時間の射程がきわだって長いということ、しかも単に時間軸として量的に長いというだけでなく、いわば「時間の深さ」というべき次元、あるいは現象的な時間の根底に流れる「深層の時間」と呼ぶべきものを扱っている点だ（「宇宙生命」もこれに関わっている）。

そして先ほど述べたように、遠い過去や土着的なものへの関心、いいかえると民俗学的・歴史学的な関心といったものと、未来や科学や宇宙への近代科学的な関心――この両者はある意味でかなり異質なものだと思われるが、『火の鳥』においてはその両方が融合しているという点である。

## ローカルな科学／多様性の科学

ところで、従来の科学の枠を超えるこうした新たな方向は、別の側面から見れば、普遍的な法則のみならず、特定の場所や空間の個別性や多様性に関心を向けた「ローカル」な科学あるいは知という性格を同時にもつことになるだろう。この場合、個別性や多様性に関心を向けるといっても、それは単にそれぞれの場所や対象の特徴を網羅的に記述するというだけにとどまるのではない。むしろ、なぜそのような個別性や多様性が生まれたかという、その背景までを含めた全体的な構造を把握し理解するというのが、ここでの「ローカルな科学／多様性の科学」の趣旨だ。

この点に関して、「文化の多様性とは何か」というテーマについて生物人類学者の海部陽介は次のような興味深い議論を行っている。

「私たちの文化が多様化した起源は、旧石器時代にはじまった、祖先たちのアフリカから世界への拡散の歴史の中にある。このとき、各地域の文化が発展する速度と方向性に影響した因子には、人々の自由意思というものがあったが、圧倒的に大きかったのは、地理と自然環境、そして集団がたどってきたそれまでの歴史であった。例えばアボリジニの祖先が、五万年も前に人類最初の大航海をやってのけたのは、彼らが進出した東南アジア沿岸部が、海の文化の発達を刺激するような土地であったからだ。一方で彼らは、北ユーラシア地域の住人のような立派な服や住居を作らなかったが、それは作る能力がなかったからではなく、明らかにその必要がなかったからである。……このように環境に対する適応として発展していった個々の文化に対し、優劣を考えることの正当性がどれだけあるというのだろう。各地へ散った祖先たちの集団は、それぞれの土地の環境に見合った文化を発展させていった。」(海部(二〇〇五)、傍点引用者)

このように、地球上の各地域の環境の多様性が(それへの適応の帰結としての)文化の多様性を生んだという視点を述べたうえで、海部はさらに次のような印象深い指摘を行う。

「こう見ると、各地域集団が成し遂げた歴史的偉業は、その地域の人々にしかできないことなのではなく、むしろホモ・サピエンス種として私たちが共有している潜在力を示すものであることが、わかってくる。どの地域文化にも、ホモ・サピエンスの文化としての共通要素と、独自の要素の両方が認められる。……これらの独自要素は、本当は民族の優秀性をはかる尺度などではなく、外的因子に対する私たちの種の行動の柔軟性を反映しているとみなすべきだ。ホモ・サピエンスが世界の様々な環境へ進出していったからこそ、その多様な行動を見ることができるのである。」(同、傍点引用者)

　第5章で少し言及したように、一九世紀に「エコロジー」という言葉を作ったドイツの生物学者エルンスト・ヘッケルは、その定義を「有機体とその環境の間の諸関係の科学」とした(一八六六年の『一般形態学』という著作)。「関係」に注目する科学という発想は近代科学の中では特異ともいうべきものだが、上記の海部のような把握は、まさに「エコロジー」的なものである。ここでのポイントは、(主体を取り巻く)「環境の多様性」ということを前提としながら、そこでの主体(ないし生命)がある種の「内発性」をもちつつ、その環境と「関係」ないし相互作用しながら新たな多様性を生み出していくという把握である。

## 生命の内発性と環境との関わり——近代科学の変容とポスト資本主義

話題を異領域に広げることになるが、こうした発想は、近年生命科学で台頭している「エピジェネティクス」と呼ばれる研究分野の生命観とよく似ている。「エピジェネティクス」というのは、従来のように、ＤＮＡに記された遺伝暗号によって生物の特性がすべて決定づけられているのではなく、むしろ環境との相互作用によって形成される部分が一定以上存在すると考え、その仕組みを探究する分野だ（「エピジェネティクス」の「エピ」は「エピローグ」と同様に「後」という意味。「エピジェネティクス」については太田（二〇一三）、仲野（二〇一四）参照）。

これは先ほどの地球上の「文化の多様性」とは全く異質の話のようにも見えるが、主体あるいは生命が内発性をもちつつ、環境と「関係」し相互作用を行い、そこから様々なレベルでの多様性が生まれるという把握は実に共通のものだ。

（＊）「環境科学」としての宇宙論　話題をさらに広げると、おもしろいことに同様のパラダイムは宇宙論の分野でも生じつつある。すなわち近年の宇宙論では、ビッグバンないしインフレーションを通じた宇宙の創生が何度も（無数に）起こっており、したがって宇宙は多数存在しており――「ユニバース」に対する「マルチバース（multiverse）」――、われわれ人間は無数にある宇宙の中でたまたま自分たちが存在できるような宇宙に存在しているだけという把握が有力になりつつある（この話題に関して松原（二〇一二）、佐藤（二〇一〇）等参照）。言い換えれば、宇宙もまた「ローカル」な存在であり、「「すべてを含むひとつのもの」だったはずの「宇宙（ユニバース）」が、ローカルな

「環境」にすぎなかった」(青木(二〇一三))という理解が生まれ、こうした認識を受けて「宇宙論は環境科学になった」といった表現もされるようになっている(クラウス(二〇一三))。つまり宇宙論は(複数の〝宇宙環境〟の中で)いわば人間の存在を可能とする環境的条件を探る学問という性格を帯びてきているわけで、こうした理解の枠組みは、先ほどの文化の多様性やエピジェネティクスの発想と構造的に共通するものがあるだろう。

そしてこうした思考の方向性は、第5章で整理した近代科学の基本的な世界観とはかなり異質なベクトルを含んでいることに気づく。

つまり近代科学においては、生命や自然を含む世界は〝機械論的〟に、つまり受動的な存在として理解され、そこでは①一義的・普遍的な法則が貫徹し、また②それぞれの要素は独立していて「関係」に注目するという発想は二次的なものだった(この①②は一一六頁での「二つの柱」と対応する)。結果として、それはいわば〝一本道の科学〟であり、対象や地域や空間の「多様性」ということへの関心は背景的なものだった。

そして、ここが重要な点だが、そうした近代科学の〝一本道〟としての性格そのものが、本書で論じてきた資本主義(＝市場経済プラス拡大・成長)という経済社会システムのありようと不可分のものだったのではないだろうか。

資本主義は、市場化・工業化・情報化といった各段階を通じて、いわば「一つの坂道」を登りつづけ、強力な推進力とともに世界を「一つの方向」に動かし、均質化し、序列化していく。そこでは〝時間軸〟が優位となり、地球上のすべての地域はその座標軸の中で〝進んでいる―遅れている〟という一元的な物差しで位置づけられることになる。

したがって、資本主義のそうした一元的方向が様々な矛盾とともに限界に達し、本書で述べてきたような「ポスト資本主義」の社会構想が求められていることと、本書の第Ⅱ部やここで述べてきたような、生命の内発性や「関係性」、多様性・個別性に関心を向ける新たな科学のあり方が様々な領域で〝同時多発的〟に台頭していることとは、パラレルな現象なのである。

## ローカル／グローバル／ユニバーサル

ところで、先ほどの「文化の多様性」の議論の初めで、それぞれの地域の個別性や多様性に目を向けつつ、同時に「なぜそのような個別性や多様性が生まれたかという、その背景までを含めた全体的な構造を把握し理解する」という点を述べた。これは、私たちが通常使っている「ローカル／グローバル／ユニバーサル」という言葉をどのように理解するかというテーマとつながってくる。

確認すると、「ローカル」とは〝地域的、個別的〟という意味であり、通常はそうした「ローカル」に対して「グローバル」が対置されることが多い。しかしそうしたローカルと本来対照されるのは「ユニバーサル」のはずで、これは奇しくも〝普遍的〟と同時に文字通り〝宇宙的〟という意味である。

以上を踏まえつつ、「グローバル」とはもともと(globe に由来する)〝地球的〟という意味だとすれば、通常言われているような「グローバル」(ないしグローバリゼーション)とは全く異なる、ある意味でその本来の(あるべき)意味が浮かび上がってくるのではないか。

それは、先ほど確認したような「ローカル＝個別的・地域的」と「ユニバーサル＝普遍的・宇宙的」の両者を橋渡しするような意味での「グローバル＝地球的」であり、すなわちそれは、地球上の各地域の個別性や文化の多様性に大きな関心を向けつつ、同時にそうした多様性がいかにして生成、展開したかを、その背景や構造までさかのぼって理解するような思考の枠組みに他ならない。

言い換えると、**世界をマクドナルド的に均質化していくような方向が「グローバル」なのではなく、むしろ地球上のそれぞれの地域のもつ個性や風土的・文化的多様性に一次的な関心を向けながら、上記のようにそうした多様性が生成する構造そのものを理解し、その全体を俯瞰**

**的に把握していくことが本来の「グローバル」であるはずだ。**

## 地球倫理の可能性

このように考えていくと、序章で述べたような、人間の歴史の中での〝第三の定常化〟の時代としてのポスト資本主義の時代に浮かび上がってくる世界観やそこでの「価値」のありようが、おぼろげながら見えてくるだろう。

序章での議論を確認すると、人間の歴史は大きく「拡大・成長」と「定常化」というサイクルをたどってきたが、定常期への移行の時代においては、それまでとは異質の新たな観念や倫理、価値といったものが生成した。

すなわち、狩猟採集段階における定常化の時代には「心のビッグバン(または意識のビッグバン/文化のビッグバン)」と呼ばれる現象が生じ(約五万年前)、また、農耕文明の定常化の時代には、紀元前五世紀頃に、ヤスパースが「枢軸時代」、科学史家の伊東俊太郎が「精神革命」と呼んだ出来事が生じ、仏教(インド)、儒教や老荘思想(中国)、キリスト教の源流でもある旧約思想(中東)、ギリシャ哲学といった、現在につながる普遍的な思想ないし普遍宗教が〝同時多発的〟に生まれたのである。

そしてまた、そうした生成の背景には、それぞれの段階の生産技術ないしエネルギーの利用形態が高度化し、その結果としてある種の資源・環境制約に直面し、そうした状況において「生存」を確保するための原理として、言い換えれば「物質的生産の外的拡大から内的・文化的発展へ」という方向を積極的に水路づけるものとして、上記のような新たな観念や思想が生まれたという理解を行ったのだった。

このような把握を踏まえた上で、第三の定常期において求められる思想のありようを考える手がかりとして、私自身は近年のいくつかの本の中で「地球倫理」という把握について論じてきた(広井(二〇〇九b)、(二〇一一)、(二〇一三))。その中身はなお未熟なものにとどまっているが、本書全体のテーマに関連する限りで、重要と思われる論点を簡潔に記してみたい。

## 枢軸時代／精神革命との対比

ここで議論の手がかりになるのは、〝第二の定常化〟の時代に生成した枢軸時代／精神革命の諸思想との対比である。

先ほどこれらを「普遍思想」ないし「普遍宗教」という言葉で表現したように、この時代に生成した仏教も儒教・老荘思想も旧約思想もギリシャ哲学も、共通していたのは特定の民族や共同体を超えた「人間」あるいは「人類」という観念を初めて持ち、そうした人間にとっての普遍的な価値原理を提起したという点にその本質的な特徴があった。

この場合、それらの思想や世界観の「内容」は、各々が生まれた地域の風土的環境を反映しつつ、ごく大づかみに言えば、

- 旧約思想(～キリスト教)の場合――〝超越者原理〞
- 儒教やギリシャ哲学の場合――〝人間的原理〞
- 仏教の場合――〝宇宙的原理〞

とも呼ぶべき世界観として互いに大きく異なっていたのだが、「普遍性」への志向という点においては共通していたのである(風土と宗教の相関について鈴木(一九七六)参照)。

ちなみに近年、GDPに代わる「豊かさ」の指標に関する研究とも並行する形で、「幸福研究」と呼ばれる分野が発展していることを本書の中で述べてきたが、これらの普遍思想ないし普遍宗教は、ある意味でいずれも(生産や欲望の外的な拡大を超えた)「幸福」の意味を――たとえばキリスト教の愛、仏教における慈悲、儒教やギリシャ思想における「徳」といった形で――説いたものとも言えるだろう。つまり現在との時代状況の類似性がそこには見られるのである。

さらに、こうした状況の全体を一歩外から見ると、次のような点が指摘できると思われる。すなわちこれらの諸思想は、上記のように特定の民族や共同体の利害や観念を超え出るものとして、そうした複数の民族・文化間の対立を乗り越え融和していく思想としての役割を持った半面、自らの「普遍性」を〝自認〟するぶん、互いに共存することは困難な性格を持っていたという点だ。

つまり、およそ思想というものは、自らの考えの「普遍性」を自負し主張する度合いが強ければ強いほど、互いに両立が困難になるだろう(これは象徴的には〝複数の普遍〟は可能か、という問いの形で表現することもできる)。現在の世界におけるキリスト教とイスラム教との対立はその一つの象徴かもしれないが、程度の差はあれ、枢軸時代に生成した普遍思想/普遍宗教は、その普遍性への志向ゆえに原理的にそうした課題を持っていたのである。

しかし現実には、そうした問題が深刻な形で生じることは、かなり後の時代になるまでは比較的少なかった。なぜなら近代に至るまで、地球上の各地域間の交易は(それが様々な形で存在していたとはいえ)ある程度限定された範囲にとどまっており、したがって枢軸時代の諸思想は、それが生まれた地域をベースとして地球上で一定の範囲に浸透していきながらも、互いにある種の〝リージョナルな棲み分け〟を行うことができたからである。枢軸時代以降の時代を大きく「農耕文明の後半期」としてとらえるならば、この時期にいわば普遍宗教の地理的棲み分けとしての〝世界宗教地図〟(仏教圏、キリスト教圏、儒教圏等々)が形成されたとも言える。

けれども現在のような時代においては、上記のキリスト教とイスラムの対立を含めて、普遍宗教同士が互いにそのままの形で共存するのはきわめて困難な状況になっている。

「地球倫理」が登場する第一のポイントはこの点にある。つまりそれは、先ほど「グローバル」の本来の意味に関して論じたように、普遍宗教／普遍思想を含め、地球上の各地域における思想や宗教、あるいは自然観、世界観等々の多様性に積極的な関心を向け、しかもそうした多様性をただ網羅的に並列するだけでなく、そのような異なる観念や世界観が生成したその背景や環境、風土までを含めて理解しようとする思考の枠組みだ。

枢軸時代の普遍宗教／普遍思想が、それぞれの普遍的な〝宇宙(コスモス)〟を持っていたという意味で「コスモロジカル」だったとすれば、地球倫理は、思想や観念をそれが生成した背景や風土、環境にさかのぼって把握するという意味で「エコロジカル」と言えるだろう。同時にそれは、個々の普遍宗教をメタレベルから俯瞰しつつ架橋するという意味で「地球的公共性」と呼びうる側面を持っている。

## ローカルな自然信仰とのつながり

一方、地球倫理が要請されるもう一つのポイントは、地球上の各地域に存在する、「アニミズム」とも呼びうるような、もっとも原初的な自然信仰との関わりに関してである。

それは自然の具体的な事象の中に、単なる物質的なものを超えた何かを見出すような自然観あるいは世界観であり、「自然のスピリチュアリティ」と呼ぶことも可能で、(第一の定常期における)「心のビッグバン」と深い関わりのあるものと言えるだろう(「自然のスピリチュアリティ」について広井(二〇一五)参照)。

これは上記のように地球上の各地でのもっとも原初的な自然観ないし信仰のかたちであり、ある意味ですべての〝「価値」の源泉〟とも呼びうる次元だが、枢軸時代ないし精神革命において生成した諸思想においては、概してこうした自然信仰は不合理で〝原始的〟なものとして否定的にとらえられた。

死生観にそくして言えば、自然信仰においては、生と死を連続的にとらえ、自然の具体的な事物の中に生と死を超えた何かを見出すといった発想をとる。たとえばそれは、何百年にもわたって立っている一本の大樹を見て、そこに時間を超えた何かを見出すといった感覚あるいは世界観である。

これに対し普遍宗教あるいは普遍思想においては、生と死は明確に区分されて概念化され、かつ死は「永遠」とか「空」といった抽象化された理念とともに把握されることになる。それはある意味で洗練され高次化された死生観の体系であるけれども、同時にそこに自然とのひとつの「切断」が働いているのも確かである。

こうした文脈において、第8章で述べた「鎮守の森」の話題ともつながるが、地球倫理においては、原初にある自然信仰――それは本来的に「ローカル」な性格のものでもある――の価値を再発見し、それに対して積極的な評価を与える。なぜなら**地球倫理の視点からは、「自然信仰／自然のスピリチュアリティ」は、むしろあらゆる宗教や信仰の根源にあるものであり**――アインシュタインが「宇宙的宗教感情(cosmic religious feeling)」と呼んだものと通底するかもしれない――、普遍宗教を含む様々な宗教における異なる「神(神々)」や信仰の姿は、そうした根源にあるものを異なる形で表現したものと考えるからである。

これは先ほど地球倫理について「エコロジカル」と表現した世界観、つまりある思想や信仰、観念等を、それだけを独立させてとらえるのではなく、それが生成した風土や環境との関係性において把握する視点ともつながっている。

このように考えると、地球倫理は一方で環境の多様性に目を向け、観念や思想が環境や風土との関係性の中で生成するととらえると同時に、自然信仰が重視する生命や自然の内発性に関心を向けるという二つの点において、先ほど(生物人類学、エピジェネティクスや宇宙論など)いくつかの近年の科学の分野にそくして指摘した方向と共鳴するとも言えるだろう。

ちなみに、かつてフランスの精神医学者ミンコフスキーは、その著書『生きられる時間』において、現代社会の病は人々が「生命との直接的な接触」から離れてしまっていることに由来すると論じ、何らかのかたちで生命の次元とのつながりを回復することの必要性を説いた(ミンコフスキー(一九七二))。地球倫理において積極的な意味をもつ「自然信仰/自然のスピリチュアリティ」は、そうした次元とも重なっていると思われる。

いずれにしても、以上のように、地球倫理は一方で個々の普遍宗教と関係するとともに、もっとも根底にある「自然信仰/自然のスピリチュアリティ」と直接につながることになる(**図終・2**参照)。

そして最後にもう一歩思考を展開させれば、先ほどの「ローカル/グローバル/ユニバーサル」の議論ともつながり、また第5章での「生命/自然の内発性」をめぐる考察とも関わるが、近年の諸科学がビッグバンないしインフレーションからの宇宙の創成、地球システムの形成、

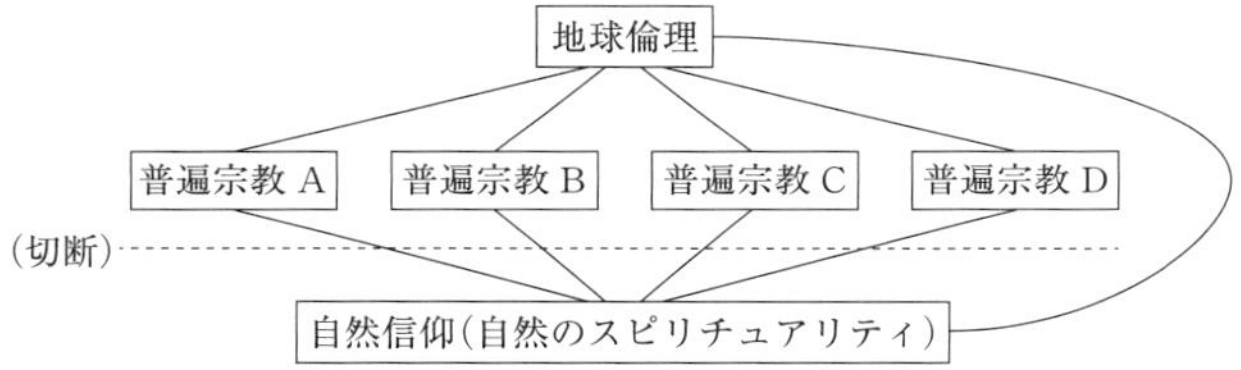


**図終・2**　地球倫理と普遍宗教／自然信仰との関係構造

生命の誕生、そして人間と意識の生成といった一連の出来事を、生命ないし自然の内発性と重層的な自己組織化という、ひとつの一貫した過程としてとらえるという方向に向かっているとすれば(伊東(二〇一三)参照)、この図の中でもっとも「ローカル」な場所にある自然信仰は、その根源において宇宙的(ユニバーサル)な生命の次元とつながり、それはグローバルな地球倫理をも包含する位置にあると言えるかもしれない。

＊　＊　＊

「ポスト資本主義」というテーマからは、あまりにも遠い地点まで歩みを進めただろうか。しかしながら近年において、以上の記述とも関連するが、宇宙の歴史から始めて地球の歴史、生命の歴史そして人間の歴史を一貫したパースペクティブの中でとらえ返し考察しようとする「ビッグ・ヒストリー」という文理横断的な試みが台頭しているように(代表的なものとしてChristian(2004)、Spier(2011)等。また同様の問題意識のものとして伊東(二〇一三)、ヤンツ(一九八六)参照)、個別分野の縦割りを超えた超長期の時間軸で物事をとらえ考えなければ、現に起こっている事態の意味や今後の展望が見えてこないような、大きな時代の分岐点に私たちは立っているのではないか。

突き放して見れば、二一世紀は、なお限りない「拡大・成長」を志向するベクトルと、成熟そして定常化を志向するベクトルとの、深いレベルでの対立ないし〝せめぎ合い〟の時代となるだろう。それが本書で述べてきた人類史の「第三の定常化」への移行をめぐる分水嶺と重なり、また「超(スーパー)資本主義」と「ポスト資本主義」の拮抗とも呼応する。それは無数の創造の生成とともに、様々な葛藤を伴う、困難を極めるプロセスでもあるに違いない。

残念ながら私たち人間は、『火の鳥』のように超越的ないし俯瞰的な視座から未来を見通すことはできないが、世界の持続可能性や人々の幸福という価値を基準にとった場合、定常化あるいは「持続可能な福祉社会」への道こそが、私たちが実現していくべき方向ではないか。これが本書の中心にあるメッセージである。

# 参考文献

〔1・人類史関係、2・資本主義／福祉国家論関係、3・科学論／生命論関係の三つに分類した。〕

## 1・人類史関係

石弘之・安田喜憲・湯浅赳男（二〇〇一）『環境と文明の世界史』、洋泉社新書。

伊東俊太郎（一九八五）『比較文明』、東京大学出版会。

同（二〇一三）『変容の時代――科学・自然・倫理・公共』、麗澤大学出版会。

内田亮子（二〇〇七）『人類はどのように進化したか』、勁草書房。

海部陽介（二〇〇五）『人類がたどってきた道――〝文化の多様化〟の起源を探る』、日本放送出版協会。

柄谷行人（二〇一〇）『世界史の構造』、岩波書店。

工藤秀明（二〇〇四）「エコロジー経済学における循環概念のために」『千葉大学経済研究』第一九巻第二号。

リチャード・G・クライン、ブレイク・エドガー（鈴木訳、二〇〇四）『五万年前に人類に何が起きたか？』、新書館。

鈴木秀夫（一九七六）『超越者と風土』、大明堂。

クライブ・ポンティング（石他訳、一九九四）『緑の世界史（上）』、朝日選書。

スティーヴン・ミズン（松浦他訳、一九九八）『心の先史時代』、青土社。
村上泰亮（一九九八）『文明の多系史観』、中央公論社。
本川達雄（二〇一一）『生物学的文明論』、新潮新書。
カール・ヤスパース（重田訳、一九六四）『歴史の起源と目標』、理想社。
エリッヒ・ヤンツ（芹沢・内田訳、一九八六）『自己組織化する宇宙』、工作舎。
山崎正和（二〇一一）『世界文明史の試み』、中央公論新社。
Christian, David (2004), *Maps of Time: An Introduction to Big History*, University of California Press.
Cohen, Joel E. (1995), *How Many People can the Earth Support?*, Norton.
DeLong, J. Bradford (1998), "Estimates of World GDP, One Million B.C. – Present", http://www.j-bradford-delong.net/
Spier, Fred (2011), *Big History and the Future of Humanity*, Wiley-Blackwell.

## 2・資本主義／福祉国家論関係

安孫子誠男（二〇一二）『イノベーション・システムと制度変容』、千葉大学経済研究叢書（8）。

ジョヴァンニ・アリギ（土佐監訳、二〇〇九）『長い二〇世紀』、作品社。

岩村充（二〇一〇）『貨幣進化論――「成長なき時代」の通貨システム』、新潮選書。

イマニュエル・ウォーラーステイン編（山田他訳、一九九一）『叢書世界システム1　ワールド・エコノミー』、藤原書店。

同（本多他監訳、一九九三）『脱＝社会科学』、藤原書店。

同（山下訳、二〇〇六）『入門・世界システム分析』、藤原書店。

奥村宏（二〇一三）『会社の哲学』、東洋経済新報社。

小野善康（二〇一二）『成熟社会の経済学』、岩波新書。

斎藤修（二〇〇八）『比較経済発展論』、岩波書店。

高橋伸彰・水野和夫（二〇一三）『アベノミクスは何をもたらすか』、岩波書店。

橘木俊詔（二〇一三）『「幸せ」の経済学』、岩波現代全書。

田中明彦（二〇〇三）『新しい中世』、日経ビジネス人文庫。

田中洋子（二〇〇八）「労働・時間・家族のあり方を考え直す」、広井良典編『「環境と福祉」の統合』、有斐閣。

地球環境関西フォーラム循環社会技術部会編（二〇〇六）『サービサイジング』、財団法人省エネルギーセンター。

西川潤（二〇一一）『グローバル化を超えて』、日本経済新聞出版社。

同（二〇一四）『新・世界経済入門』、岩波新書。

西部忠（二〇一一）『資本主義はどこへ向かうのか』、NHK出版。

同（二〇一四）『貨幣という謎』、NHK出版新書。

日笠端(一九八五)『先進諸国における都市計画手法の考察』、共立出版。

日端康雄(二〇〇八)『都市計画の世界史』、講談社現代新書。

広井良典(二〇〇一)『定常型社会』、岩波新書。

同(二〇〇六)『持続可能な福祉社会』、ちくま新書。

同(二〇〇九a)『グローバル定常型社会』、岩波書店。

同(二〇〇九b)『コミュニティを問いなおす』、ちくま新書。

同(二〇一一)『創造的福祉社会』、ちくま新書。

同(二〇一三)『人口減少社会という希望』、朝日選書。

同(二〇一五)『生命の政治学――福祉国家・エコロジー・生命倫理』、岩波現代文庫。

福島清彦(二〇一一)『国富論から幸福論へ』、税務経理協会。

福士正博(二〇〇一)『市民と新しい経済学』、日本経済評論社。

同(二〇〇九)『完全従事社会の可能性』、日本経済評論社。

フェルナン・ブローデル(金塚訳、二〇〇九)『歴史入門』、中公文庫。

リチャード・フロリダ(井口訳、二〇〇八)『クリエイティブ資本論』、ダイヤモンド社。

デレック・ボック(土屋他訳、二〇一一)『幸福の研究』、東洋経済新報社。

カール・ポランニー(吉沢他訳、一九七五)『大転換』、東洋経済新報社。

アンガス・マディソン(金森監訳、二〇〇四)『経済統計で見る世界経済二〇〇〇年史』、柏書房。

カール・マルクス（岡崎訳、一九七二）『資本論（1）』、大月書店。

バーナード・マンデヴィル（泉谷訳、一九八五）『蜂の寓話』、法政大学出版局。

三浦展（二〇一一）『これからの日本のために「シェア」の話をしよう』、NHK出版。

見田宗介（一九九六）『現代社会の理論』、岩波新書。

水島司（二〇一〇）『グローバル・ヒストリー入門』、山川出版社。

水野和夫（二〇一一）『終わりなき危機　君はグローバリゼーションの真実を見たか』、日本経済新聞出版社。

同（二〇一二）『世界経済の大潮流』、太田出版。

同（二〇一四）『資本主義の終焉と歴史の危機』、集英社新書。

同・萱野稔人（二〇一〇）『超マクロ展望　世界経済の真実』、集英社新書。

三宅芳夫・菊池恵介編（二〇一四）『近代世界システムと新自由主義グローバリズム』、作品社。

村上泰亮（一九九二）『反古典の政治経済学（上）（下）』、中央公論社。

同（一九九四）『反古典の政治経済学要綱』、中央公論社。

山岸俊男（二〇〇〇）『社会的ジレンマ』、PHP新書。

養老孟司・宮崎駿（二〇〇八）『虫眼とアニ眼』、新潮文庫。

ジェイムズ・ロバートソン（石見他訳、一九九九）『二一世紀の経済システム展望――市民所得・地域貨幣・資源・金融システムの総合構想』、日本経済評論社。

渡邉格（二〇一三）『田舎のパン屋が見つけた「腐る経済」』、講談社。
Amable, Bruno (2003), *The Diversity of Modern Capitalism*, Oxford University Press.
Fitzpatrick, Tony and Cahill, Michael (eds.) (2002), *Environment and Welfare: towards a Green Social Policy*, Palgrave Macmillan.
Hall, Peter A. and Soskice, David (eds.) (2001), *Varieties of Capitalism*, Oxford University Press.
New Economics Foundation (2002), *Plugging the Leaks*.
OECD (2007), *Modernising Social Policy for the New Life Course*.
Piketty, Thomas (2014), *Capital in the Twenty-First Century*, The Belknap Press of Harvard University Press.
Pomeranz, Kenneth (2000), *The Great Divergence*, Princeton University Press.
Stiglitz, Joseph E., Sen, Amartya and Fitoussi, Jean-Paul (2010), *Mismeasuring Our Lives: Why GDP doesn't Add Up*, The New Press.
World Bank (1994), *Averting the Old Age Crisis*, Oxford University Press.
Lutz et al. (eds.) (2004), *The End of World Population Growth in the 21st Century*, Earthscan.

### ３・科学論／生命論関係

青木薫（二〇一三）『宇宙はなぜこのような宇宙なのか』、講談社現代新書。
井村裕夫（二〇〇〇）『人はなぜ病気になるのか――進化医学の視点』、岩波書店。

岩崎秀雄(二〇一三)『〈生命〉とは何だろうか』、講談社現代新書。

リチャード・G・ウィルキンソン(池本他訳、二〇〇九)『格差社会の衝撃』、書籍工房早山。

太田邦史(二〇一三)『エピゲノムと生命』、講談社ブルーバックス。

尾関章(二〇一三)『科学をいまどう語るか』、岩波現代全書。

大森荘蔵(一九八五)『知識と学問の構造』、日本放送出版協会。

レイ・カーツワイル(井上監訳、二〇〇七)『ポスト・ヒューマン誕生』、日本放送出版協会。

マイケル・S・ガザニガ(柴田訳、二〇一〇)『人間らしさとはなにか?』、インターシフト。

レオン・R・カス(倉持監訳、二〇〇五(原著二〇〇三))『治療を超えて　大統領生命倫理評議会報告書』、
　青木書店。

岸本葉子(二〇一四)『生と死をめぐる断想』、中央公論新社。

ギリスピー(島尾訳、一九六五)『科学思想の歴史』、みすず書房。

ローレンス・クラウス(青木訳、二〇一三)『宇宙が始まる前には何があったのか?』、文藝春秋。

限界研編(二〇一三)『ポストヒューマニティーズ』、南雲堂。

アレクサンドル・コイレ(横山訳、一九七三)『閉じた世界から無限宇宙へ』、みすず書房。

近藤克則(二〇〇五)『健康格差社会』、医学書院。

佐藤勝彦(二〇一〇)『インフレーション宇宙論』、講談社ブルーバックス。

下村寅太郎(一九七九)『無限論の形成と構造』、みすず書房。

E・シュレーディンガー(二〇〇八、岡・鎮目訳)『生命とは何か』、岩波文庫。

高世仁・吉田和史・熊谷航(二〇一二)『神社は警告する』、講談社。

アントニオ・R・ダマシオ(田中訳、二〇一〇)『デカルトの誤り』、ちくま学芸文庫。

同(山形訳、二〇一三)『自己が心にやってくる』、早川書房。

鶴見和子・中村桂子(二〇一三)『四十億年の私の「生命」――生命誌と内発的発展論』、藤原書店。

ルネ・デカルト(落合訳、一九五三)『方法序説』、岩波文庫。

フランス・ドゥ・ヴァール(柴田訳、二〇一〇)『共感の時代へ』、紀伊國屋書店。

友野典男(二〇〇六)『行動経済学』、光文社新書。

永沢哲(二〇一一)『瞑想する脳科学』、講談社。

仲野徹(二〇一四)『エピジェネティクス』、岩波新書。

ロバート・D・パットナム(柴内訳、二〇〇六)『孤独なボウリング――米国コミュニティの崩壊と再生』、柏書房。

広井良典(一九九二)『アメリカの医療政策と日本――科学・文化・経済のインターフェイス』、勁草書房。

同(一九九四)『生命と時間』、勁草書房。

同(二〇〇五)『ケアのゆくえ　科学のゆくえ』、岩波書店。

同(二〇一四)「生命化する世界――近代科学のその先へ」『科学』八月号。

広重徹(一九七九)『近代科学再考』、朝日選書。

廣重徹(二〇〇三)『科学の社会史(下) 経済成長と科学』、岩波現代文庫。

廣松渉(一九七二)『世界の共同主観的存在構造』、勁草書房。

同(一九九一)『生態史観と唯物史観』、講談社学術文庫。

福元圭太(二〇〇二)「一元論の射程——エルンスト・ヘッケルの思想(1)」『言語文化論究13』。

藤井直敬(二〇〇九)『つながる脳』、NTT出版。

イリヤ・プリゴジン、イザベル・スタンジェール(伏見他訳、一九八七)『混沌からの秩序』、みすず書房。

古川安(一九八九)『科学の社会史』、南窓社。

本多修郎(一九八一)『現代物理学者の生と哲学』、未来社。

松葉ひろ美(二〇一四)「日本の福祉思想と生命観」、千葉大学大学院人文社会科学研究科博士学位論文。

松原隆彦(二〇一二)『宇宙に外側はあるか』、光文社新書。

ユージン・ミンコフスキー(一九七二、中江他訳)『生きられる時間(1)』、みすず書房。

村上陽一郎編(一九八〇)『知の革命史4 生命思想の系譜』、朝倉書店。

横山輝雄(一九八六)「力・エントロピー・生命」、大森荘蔵他編『新・岩波講座哲学6 物質 生命 人間』、岩波書店。

吉田忠(一九八〇)「科学と社会」、村上陽一郎編『知の革命史1 科学史の哲学』、朝倉書店。

米本昌平(二〇一〇)『時間と生命』、書籍工房早山。

レーニン(佐野訳、一九五三)『唯物論と経験批判論(下巻)』、岩波文庫。

Bowles, Samuel and Gintis, Herbert (2011), *A Cooperative Species*, Princeton University Press.

Chesworth, Jennifer (ed.) (1996), *The Ecology of Health*, Sage Publications.

Hall, A. Rupert (1983), *The Revolution in Science 1500–1750*, Longman.

Nesse, Randolph M. and Williams, George C. (1994), *Why We Get Sick*, Vintage.

Westfall, Richard S. (1973), *Science and Religion in Seventeenth-Century England*, The University of Michigan Press.

Stearns, Stephen C. (ed.) (1999), *Evolution in Health and Disease*, Oxford University Press.

# あとがき

「ポスト資本主義」という本書のタイトルから、(特に一定以上の上の世代の人の中には)「資本主義の打倒！」といった意味での〝革命〟的な内容を想像する人もいるかもしれないが、それは正しくない。しかしながら、ポスト資本主義への移行は、ここ数百年続いた「限りない拡大・成長」への志向から「定常化」への〝静かな革命〟であり、今後二一世紀を通じて人々の意識や行動様式を変えていく——同時にその過程で様々な葛藤や対立や衝突も生じうる——、真にラディカル(＝根底的)な変化であるだろう。

同時にそれは、必ずしも抽象度の高い理論や社会システムとしてのみ現象するものではなく、もっともシンプルに言えば、「歩くスピードを今よりもゆっくりさせ、(未来世代を含む)他者や風景などに多少の配慮を行うこと」といった、ごく日常的な意識や行動に根差すものだ。

ところで、本書の本文を脱稿してから知ることになったのだが、日本で特に人気の高い経営学者のドラッカーが、一九九三年に『ポスト資本主義社会(Post-Capitalist Society)』という本を出している。経営学者が「ポスト資本主義」を唱えるということに意外性を感じる人が多いと思うが、その内容は「知識社会」の到来をポスト資本主義という方向と重ねて論じるもので、本書とは大きく異なっている。しかしいずれにしても、一貫して「非営利組織」の経営というテーマに関心をもち、また(オーストリア出身であり)アングロサクソン的な世界観とは一線を画していたドラッカーが「ポスト資本主義」を論じるのは一定の合理性があり、このテーマのもつ広がりを示していると言えるだろう。

同時にドラッカーは日本に対する関心を持ち続け、上記の本の中でも何度も日本に言及している。ある意味で逆説的なことだが、〝日本資本主義の父〟とされる渋沢栄一が『論語と算盤』において説いた「経済と倫理の統合」や、近江商人の家訓として言及される「三方よし」などの(いわば〝プレ資本主義〟的な)行動規範は、素朴な次元ではあれ、ポスト資本主義の倫理と実は一定以上シンクロナイズするのである。〝なつかしい未来(ancient futures)〟としてのポスト資本主義。

さて、「ポスト資本主義」というテーマと深く関わりながら、私の力不足もあり本書の中で十分論じられなかった話題がある。それは第一に「貨幣」のありよう、第二に「組織」のありよう（特に株式会社）の二者だ。

前者の貨幣については、論点として挙げるならば、二〇世紀初頭のドイツの思想家ゲゼルが唱えた「スタンプ付き貨幣＝マイナスの利子の貨幣」――作家ミヒャエル・エンデの貨幣観にも影響――や「利子を生まない貨幣」をめぐる議論や展開がある。また、貨幣を国家が独占的に管理する傾向が強まった近代社会から、今後は「貨幣の多様化」が、その「電子化」や「コミュニティ通貨」の動きとも関わりつつ進展していくという現在進行中のテーマがあり、本書の第3章で言及した西部忠は、「金融危機、財政危機、通貨危機への対抗策として、世界で疑似通貨、暗号通貨、電子通貨、コミュニティ通貨が群生している」（『貨幣という謎』）と述べている。貨幣の「グローバル化」と「ローカル化」という話題である。

後者の「組織」（株式会社など）については、前著『人口減少社会という希望』で「コミュニティ経済」との関連である程度述べたが――大きくは株式会社中心から協同組合など多様な形態への移行――、現実にも、イギリスでの「コミュニティ利益会社（Community Interest Company）」という形態や、日本でも議論されている非営利ホールディングカンパニーと呼ばれるものなど、組織の多元化ないし新たな形態に向けてすでに様々な模索や試行が展開していると言えるだろう。

以上の「貨幣」や「組織」をめぐる話題は、おそらく今後長いタイムスパンにおいて議論され具現化していくテーマであり、本質的な意味を持っていることは確かである。そのことを確認した上で、ただし私自身は、そうした「貨幣」や「組織」のありよう自体が〝主体〟あるいは目的なのではなく、それらはむしろ、本書の中で論じたような「緑の福祉国家／持続可能な福祉社会」といった社会像や、そこでの人と人との関係性やコミュニティや生活のあり方に〝従〟ないし「手段」として存在するものと考えている。

こうした点に関し、先ほどのゲゼルの〝腐る（＝減価していく）貨幣〟のテーマともつながるが、パン職人としての経験を踏まえながら、それをマルクスの資本主義理解と結びつけて根底的な議論を展開した渡邉格氏の『田舎のパン屋が見つけた「腐る経済」』は印象深い本だ。渡邉氏は次のように述べているが、この認識は正当なものだと思う。

「僕はエンデの提案した地域通貨に大きな興味を持ち、実際に地域通貨を発行してみたこともあります。しかし、それは失敗に終わりました。この失敗を経て、問題はお金だけにあるのではないと気づきました。地域通貨で地域の経済循環を作り出したとしても、循環する「商品」の成り立ちを追求しなければ、富は地域の外に流れていきます。本当の意味で地域を豊かにするためには、生産のあり方をとことん追求した豊かな「商品」を作ることが重要なので

す。」(渡邉格「田舎のパン屋が見つけた「人口減少社会の働き方」」『熱風』二〇一四年四月号)

あわせて渡邉氏は、「「腐らないお金」が支配する「腐らない経済」ではなく、「腐る商品」を循環させる経済の方が豊かではないか」と言っている。こうしたビジョンを、本書がその一端を試みたように、社会システムとして構想していく作業が求められているだろう。

＊　＊　＊

本書は「ポスト資本主義」をテーマとするものだが、一方でそれは、私自身のこれまでの探究のテーマの柱の一つだった「定常型社会」論――そこでの「分配」のあり方を含む――と深く関わり、他方で「はじめに」から顕著であるように、科学論(ないし生命論)的な関心を前面に出した内容となっている。以前の著書でも折にふれて記しているように、私は当初大学の法律専攻コースに入学したが、(高校時代からの)哲学的なテーマへの関心のほうが圧倒的に大きく、三年になる時に「科学史・科学哲学」という専攻分野に(迷うことなく)転部したという経緯があった。そうした関心は、その後もずっと自分の中での中心部分を占めており、本書において、こうした問題意識を自由に展開するような内容を書くことができたことを本当にありがたく思っている。また、そのような関心を表現するにあたって、終章でも少しふれたように、ある偶然的な経緯から手塚治虫氏の『火の鳥』をあらためて通読したことがかなりのインパクトをもっていたことを、併せて記しておきたいと思う。
最後に、本書が成るにあたっては、当初の構想段階で岩波書店の田中太郎氏そして中山永基氏にお世話になり、企画が始動して以降は(『日本の社会保障』『定常型社会』の新書でも担当いただいた)柿原寛氏に的確な水路づけと行き届いた配慮をいただいた。この場を借りて深く感謝申し上げる次第である。

二〇一五年　桜の季節に

広井良典

広井良典

1961年岡山市に生まれる．1984年東京大学教養学部卒業(科学史・科学哲学専攻)，1986年同大学院総合文化研究科修士課程修了．厚生省勤務をへて，1996年千葉大学法経学部(現・法政経学部)助教授，2003年同教授．2016年より京都大学教授．この間(2001-02年)マサチューセッツ工科大学(MIT)客員研究員
専攻―公共政策，科学哲学
著書―『定常型社会』(岩波新書)，『日本の社会保障』(同，エコノミスト賞受賞)，『生命の政治学』(岩波現代文庫)，『グローバル定常型社会』(岩波書店)，『ケアを問いなおす』『死生観を問いなおす』『創造的福祉社会』(以上，ちくま新書)，『コミュニティを問いなおす』(同，大佛次郎論壇賞受賞)，『生命と時間』(勁草書房)，『ケア学』(医学書院)，『人口減少社会のデザイン』『無と意識の人類史』『科学と資本主義の未来』(以上，東洋経済新報社) ほか

ポスト資本主義 科学・人間・社会の未来
岩波新書(新赤版)1550

2015年6月19日 第1刷発行
2024年12月5日 第12刷発行

著 者 広井良典《ひろいよしのり》

発行者 坂本政謙

発行所 株式会社 岩波書店
〒101-8002 東京都千代田区一ツ橋2-5-5
案内 03-5210-4000 営業部 03-5210-4111
https://www.iwanami.co.jp/

新書編集部 03-5210-4054
https://www.iwanami.co.jp/sin/

印刷・精興社 カバー・半七印刷 製本・中永製本


ISBN 978-4-00-431550-6 Printed in Japan

# 岩波新書新赤版一〇〇〇点に際して

ひとつの時代が終わったと言われて久しい。だが、その先にいかなる時代を展望するのか、私たちはその輪郭すら描きえていない。二〇世紀から持ち越した課題の多くは、未だ解決の緒を見つけることのできないままであり、二一世紀が新たに招きよせた問題も少なくない。グローバル資本主義の浸透、憎悪の連鎖、暴力の応酬——世界は混沌として深い不安の只中にある。

現代社会においては変化が常態となり、速さと新しさに絶対的な価値が与えられた。消費社会の深化と情報技術の革命は、種々の境界を無くし、人々の生活やコミュニケーションの様式を根底から変容させてきた。ライフスタイルは多様化し、一面では個人の生き方をそれぞれが選びとる時代が始まっている。同時に、新たな格差が生まれ、様々な次元での亀裂や分断が深まっている。社会や歴史に対する意識が揺らぎ、普遍的な理念に対する根本的な懐疑や、現実を変えることへの無力感がひそかに根を張りつつある。そして生きることに誰もが困難を覚える時代が到来している。

しかし、日常生活のそれぞれの場で、自由と民主主義を獲得し実践することを通じて、私たち自身がそうした閉塞を乗り超え、希望の時代の幕開けを告げてゆくことは不可能ではあるまい。そのために、いま求められていること——それは、個と個の間で開かれた対話を積み重ねながら、人間らしく生きることの条件について一人ひとりが粘り強く思考することではないか。その営みの糧となるものが、教養に外ならないと私たちは考える。歴史とは何か、よく生きるとはいかなることか、世界そして人間はどこへ向かうべきなのか——こうした根源的な問いとの格闘が、文化と知の厚みを作り出し、個人と社会を支える基盤としての教養となった。まさにそのような教養への道案内こそ、岩波新書が創刊以来、追求してきたことである。

岩波新書は、日中戦争下の一九三八年一一月に赤版として創刊された。創刊の辞は、道義の精神に則らない日本の行動を憂慮し、批判的精神と良心的行動の欠如を戒めつつ、現代人の現代的教養を刊行の目的とする、と謳っている。以後、青版、黄版、新赤版と装いを改めながら、合計二五〇〇点余りを世に問うてきた。そして、いままた新赤版が一〇〇〇点を迎えたのを機に、人間の理性と良心への信頼を再確認し、それに裏打ちされた文化を培っていく決意を込めて、新しい装丁のもとに再出発したいと思う。一冊一冊から吹き出す新風が一人でも多くの読者の許に届くこと、そして希望ある時代への想像力を豊かにかき立てることを切に願う。

（二〇〇六年四月）